植森式
日常動作を
変えるだけ
メソッド

お腹から即やせる

健康運動指導士
植森美緒

JN173476

宝島社

まえがき

くびれたウエストになるのに、運動神経も根性も必要ない

本書は日常の動作を変えて部分やせしながら、若い体になるメソッドとして、次に当てはまる方に向けてまとめました。

◉運動不足とは思うけれど、運動する時間や気力はない
◉がんばって運動して多少やせたが、やめたらリバウンドした
◉ダイエットしたいけれど、つらいことはイヤ

これまで、私は健康・ダイエット関連の著書をのべ16冊出していますが、本書はこれまで出したどの本よりも、地味な内容です。

けれど、地味＝効果が低い、のではありません。むしろ地味なことが、運動らしい運動よりもずっと確実で効果的であったりするのです。

ご存じかもしれませんが、ダイエットをとりまく業界というのは、とにかく目立つが勝ち、といった風潮が多々あります。そんな中では、地味なことを言っていても注目してもらえないどころか、知ってさえもらえないこともあります。

実は、私が提唱してきた**「お腹を凹ませる」**というダイエット法もまさにその地味さゆえに、著書として世に送り出すまで10年以上もの歳月がかかりました。「お腹を凹ませる」というお腹やせの方法は、無料のメルマガでも発信していましたが、無料の情報には人は価値を感じにくいという側面もあります。

昔はドローインという用語はありませんでしたので、「お腹を凹ませるだけ」なんて、地味すぎて売れない、というのが当時の出版社さんの判断だったのです。

29年間も指導業に携わっていると、「テレビで紹介されていた流行のエクササイズを行ったら、腰が痛くなってしまった」、「がんばって○○の教室に通っているが、ちっとも体形が変わらない」、そんなお声をいただくたびにもどかしい思いをしてきました。

ですから、今回、ダイエット本としては地味だけれど効果の高い内容を著書として充実した情報量で発信できる機会をいただき、本当にうれしく思っています。


日常生活の動作を工夫するメリットは、体形の悩みを解決してくれるだけではありません。首こり、肩こり、腰の痛みなどがある方にも、行う価値が必ずあります。元気に長生きするために必要な体を手に入れることにつながるのです。

たとえば、両手を耳の横で真上にまっすぐに伸ばすことができない人は珍しくありません。詳しくは本文で解説しますが、**筋肉も関節も、たいして使わずに生活していることこそが、体形の崩れの元凶**です。

体の使い方が変わると、体のあり方が変わります。そもそも、二の腕に脂肪がつくのも、下腹がぽっこりしてしまうのも、お尻が垂れるのも、そして、首こり、肩こり、腰痛、ひざ痛にも、みんなみんな理由があるのです。

本書では、なぜ私が運動らしい運動よりも普段の動作を変えることをおすすめするのか、その理由を解説してから体形を変える手法を具体的にお伝えしていきます。

ちなみに、一番効果が表れるのが早いのはお腹です。お腹については、取り組んだ当日にサイズダウンすること請け合いです。必ず、実践する前のサイズを記録しておいてください。お腹よりも手ごわい下半身も、私のカルチャースクール講座で紹介しているメソッドと基本は同じ。上手にできた人ほどすぐに効果を実感できます。

ここまで、私はかなりの勢いで力説していますが、日常生活の動作を変えるだけだなんて、「そんな簡単にいくわけないじゃない」、そんなふうに思った人もいらっしゃるでしょう。そんな方は、これまでいろいろな努力をしたものの報われなかったという方ではないでしょうか。

時間やお金をかけてきた人ほど「そんなことくらいで」と疑心暗鬼になるのも無理はありません。けれど、世の中の常識はどんどんと覆され、変わってきました。どうか、「そんなの無理に決まっている」といった先入観を捨ててお読みになっていただきたいと思います。

先入観といえば、私に初めてお会いした方ですと、「この先生は昔から細かったか、食べても食べても太らない体質なんだろうな」、そのように思われるようです。けれど、太らない体質でしたら、今の仕事につくことはなかったでしょう。

私は若い頃に、ダイエットで10年も失敗し続け、お金も時間も気力も費やしました。それで、やっぱり体形のコンプレックスをなんとかしたくてOLをやめ、スポーツクラブのトレーナーを目指したのです。

そんな話をすると、すごくストイックで根性のある人のように思われますが、違うのです。誤解を恐れずに言ってしまいますと、私は運動が苦手で好きか嫌いかと聞かれれば嫌いです。ですから運動にかかわる仕事につくなどということは、学生時代には夢にも思いませんでした。

そんな私がダイエットしたい一心から指導者の道を歩み29年がたちますが、**たどり着いた持論は、「運動の原点は日常生活。健康のためでも、ダイエットのためでも、特別な運動は必要ない」ということです。**

もちろん、なんらかの運動を好きで行っている人に必要ないなんて言うつもりはありません。そうではなくて、運動をしないと健康になれない、ダイエットできないと決めつけないほうがよい、ということです。

ここは大いに励ましたいところなのですが、運動神経の悪さだけは自慢できる！　そんな方でもまったく心配はいりません。くびれたウエストになるために、運動神経も根性も必要ないからです。必要ないというよりも、**根性を必要とするような運動は**

しないほうがよいと思います。

私自身、ダイエットしたい一心の運動で腰をひどく痛めてしまった経験があるのですが、よかれと思って行った運動で体を痛めてしまうことのないように、くれぐれも気をつけてください。それはすなわち、将来の痛みや寝たきりリスクを高めるといっても過言ではないからです。健康になることと体形を美しくすることは両立できます。

たとえば、美容と健康のために一日1万歩を目指している方もいらっしゃるかもしれませんが、今の日本で1万歩を歩く生活はむしろ無理があると思います。ご老人に1万歩を歩きましょうとすすめるのも、さらに無理があります。一体何歳まで1万歩歩けばいいのでしょうか。

人生100年といわれる時代、生涯、自立した生活に必要なのは「1万歩を歩く体力」ではなく、人それぞれの生活の範囲で不自由なく生活するのに必要な「生活体力」

です。生活体力は特別な運動ではなく、普段の生活の中で実践できることで身につけ、そして維持していくのが、合理的で無理がありません。

私がいわゆる腹筋運動を一回も行っていないと言うと驚かれますが、**かれこれ20年以上58センチのウエストサイズを維持していられるのも、生活の中で無理なく行えることだから。**根性が必要な運動であれば、今もまだダイエットで悩んでいたかもしれません。

やり方が地味ということは、ダイエットとして流行にはなりにくいものですが、本書を手に取ってくださった方から実践してその効果を実感していただき、あなたのまわりの大切な人にもぜひ教えてさしあげてください。

そうして、「運動不足」の本質からずれている世の中の認識を少しずつでも改めていけたら、気持ちも明るく、体も楽になる人も増えるはずです。

あなたの体形の悩みをどうしたら解決できるのか、ぜひ、その手法を知ってください。**とにかく「地味」なので、たとえ外出先でも、誰にもバレずに行えるという大きな大きなメリットもあります。**

お金も、時間も、特別な器具もいりません。体形だけでなくあなたの人生をご自分でデザインしていきましょう。

第1章 お腹から即やせるために運動は無用

第2章

お腹から即やせるための体の使い方の基本

第3章

植森式日常動作を変えるだけメソッド

第4章

植森式日常動作を変えなくてもやせる裏技

第5章

植森先生！　ズボラでも絶対やせるコツを教えてください

装丁&本文デザイン　鈴木大輔（ソウルデザイン）
DTP　山本秀一、山本深雪（G-Clef）
本文イラスト　スギザキメグミ
撮影　菊池一郎
ヘアメイク　千葉智子（ロッセット）
編集　中村直子、今野晃子（宝島社）

第1章

お腹から即やせるために運動は無用

あなたは筋肉をつけたいですか？　細くなりたいですか？

最初に、私がなぜ「運動らしい運動は必要ない」と言うのかについて、その理由をお話ししましょう。

私は、トレーナー修業期間に、ボディビルジムに通ったことがあるのですが、べつにボディビル大会に出たかったわけではありません。

専門学校の先生方や先輩トレーナーから、ダイエットしたいなら筋トレに励むといいとすすめられてのことでした。それでバーベルを使ったベンチプレスやスクワットなどかなりきつい筋トレを行ったのですが、一年たっても、ちっともやせないどころか、なにやら女子プロレスラーのようにたくましくなっていきました。当時は、右も左もわからずに、私のやり方が悪いと思い込んでいましたし、実際にやり方も悪かったと思うのですが……。

その後、指導者になってから、通ってくるスポーツクラブの会員さんの体形を観察するうちに、ん？　と思うようになりました。不思議なことにせっせとハードな腹筋運動をこなしている人たちのお腹がちっとも細くならないことに気がついたからです。それは腹筋運動だけに限りませんでした。

それで、もっと効果の高いやり方はないのだろうかと模索し続け、あとになって、ようやくわかったことがあります。

それは、**いわゆる「筋トレ」の理論はダイエットのためではなく、筋肉を太くする、ということを大前提に研究されてきた**、ということです。

「筋肉をつければダイエットできる」というのは、ヒップの形がかっこよくひきしまったり、スタイルをよくするという意味で間違いではありません。

しかし、筋トレに励んでもやせない人が圧倒的多数であることを冷静に分析すると、筋肉をつけることと脂肪を落とすことは別のことと考えるほうが正解だと思います。

実際に、筋肉隆々のボディビルダーが脂肪を落として体を絞る際には、食事制限を行います。お相撲さんとか、女子プロレスラーとか、筋肉がしっかりついていても、脂肪がしっかりついている人はいくらでもいます。

近年流行りの高額な個別指導ジムで厳しく食事指導が行われるのは、筋肉をつけるだけで脂肪を落とすのが困難だからなのです。

本書では、基本的に筋肉を太くする方向は目指していません。

ですから、デミ・ムーアとか、アンジェリーナ・ジョリーばりの筋肉質な体形になりたい方は、私のすすめる方法では足りないと思ってください。

本書で紹介している、「形を変える」「部分的に脂肪を落とす」といった体をデザインする考え方をふまえ、本格的な筋トレを行えるところに通うことをおすすめします。

ちなみに、私は筋肉をつければやせられると言われてボディビルジムに通っていた時、「かっこよく筋肉がついたとしても、筋トレをし続けなければせっかくつけた筋肉が落ちてしまう」と気がついた時はクラクラするくらいの衝撃を受けました。はてしなくがんばり続けなくてはいけないなんて……と、心の底からしょんぼりしてしまったものでした（笑）。

今も、理想の体形は？と聞かれれば、もう少し筋肉を太くしてメリハリのある体が好みなのですが、きつい筋トレを続けることを考えただけでもブルーな気持ちになってしまうので、そこはきっぱりとあきらめました。

きつい筋トレなんていらないという話ではなく、あくまでご自身の目指す方向を考えた時に、いくらがんばっても方向性がずれていると、せっかくの努力が報われずにがっかりしてしまいます。

筋肉をつけると脂肪の下の筋肉は太くなり体にメリハリはつきますが、筋肉をつける＝脂肪が落ちて細くなる、ではない現実を知っておいてください。

スタイルが崩れる理由は運動不足じゃない

まえがきで「筋肉も関節もたいして使わずに生活していることこそが、体形の崩れの元凶」というお話をしましたが、ここではその理由を解説いたします。

お腹が前に出っ張るのはなぜ？
↓　それは、普段、お腹を凹ませることがないから

お尻が垂れるのはなぜ？
↓　それは、普段、お尻が持ち上がるような動きをしていないから

いかがですか？　違和感なくイメージしていただけるでしょうか。
そもそも体形の崩れは、使われていない筋肉がゆるんでいるからで、使っていないところに脂肪がたまっていくのです。

やせているのに下腹が出ている人が食事でダイエットしても下腹が凹まないのは、下腹が出ている原因が食事ではないからです。

運動しているにもかかわらず下腹が出たり、下腹ばかりに脂肪がつくのは、下腹の筋肉をきちんと使えていないせいなのです。

ダイエットしたい一心で一日に2万歩も歩いているという人がいましたが、2万歩歩くのに必要な体力を保ちたいのではなくお腹やせしたいなら、歩数より目的に応じた歩き方をするほうがはるかに効率がいいので、たくさん歩かなくてすみます。

私の生徒さんで、1時間のウォーキングに加え、週に何回かヨガやピラティスを行っているのに、腰回りの脂肪がどうしても落ちないと悩んでいた方がいらっしゃいましたが、正しい姿勢と歩き方をお教えしたら、ご自身でもびっくりするくらい、みるみるズボンがゆるくなり、腰回りがほっそりされました。

直接の指導をした方ではなくても、私の本を読まれた方から、散歩の際にお腹を凹ませて歩くようになったら、それまで落ちなかったお腹の脂肪がすっきりと落ちて、体重も6キロも減りました！といったご報告もありました。

体重の減り方は個人差が非常に大きいとして、お腹回りの脂肪を落としたいなら普段の生活の中でお腹回りの筋肉を使うことがもっとも有効であることは、私の経験上、間違いないと思います。

ご自分の気になる部位をどうすればしっかり使うことができるかを知らないまま運動しても、成果が出なくて無理はありません。普段の生活の中でどのように体を使っているかが、結果として体形に反映されているのです。

行うべきは、「運動」というより、むしろご自分の目的に合った生活動作を意識的に取り入れることです。**体は意外と正直なもので、生活動作を変えればおのずとあなたの体形は変わります**。

変わるのは、体形だけではありません。「運動不足」という罪悪感から解放され、気持ちが前向きに元気になります。

私は運動音痴なのでスポーツはやりませんし、マラソンなどをする根性や体力もありません。でも、日常生活の中でちょっとした心がけによって、年齢よりも若い体形を手に入れ、生涯、足腰の強さを保つ自信がつきました。

何歳になっても旅行に出かけられるくらいの体力を維持したいと思っていますが、「はたして大丈夫だろうか」といった不安はまったくありません。

ダイエットしたい一心でがんばって運動し、腰を痛めて大泣きした過去がまるで嘘のようです。体形の悩みの原因は「運動不足」ではないということをあなたにもぜひ知っていただきたいと思います。

これは、励ましや気休めではありません。**普段の生活で使っていない筋肉はたるみ、ボディラインは崩れ、脂肪がたまります**。体をどう使えばいいのかを知ってしまえばこっちのものと言っても過言ではないのです。

あなたに必要なことだけ行うのが近道

「寄せて上げて」をうたい文句にするブラジャーやガードルがありますが、これらはあくまでも着用している時だけの効果です。何にも頼らない本当の解決策は、自分自身の筋肉で寄せて上げること。体形のお悩みは人それぞれなので、目的をできるだけ具体的に絞り込む必要があると思ってください。

たとえば、お尻の形にコンプレックスがある場合、「ヒップをアップしたい」のか「広がったヒップを寄せて小さくしたい」のかによって、効果的な筋肉の使い方が変わるのです。目的に応じて鍛えるのと漠然と鍛えるのでは、成果がまったくといっていいくらい違ってきます。

時間をかけて運動すると「運動した！」という気にはなりますが、肝心の成果が努力に見合わないと結局は続けるモチベーションが保てなくなってしまいます。続けるためにも「努力した成果を実感できる」ということはとても大事なことと思います。

わざわざ時間を費やす運動より生活動作を工夫することを私が力説しておすすめするのには、効果面の他にも理由があります。

視点を変えて「トレーニングジム等に通う際にかかる時間」という面から、時間的な費用対効果を考えてみたいと思います。

たとえば、トレーニングジムで運動すると約1時間かかります。内訳は、ウォーミングアップとして有酸素運動を15分、筋トレの前後のストレッチを15分、マシン等を使っての筋トレを30分。人によって、多少の前後はあるとして大体はこんな感じです。

特に着目してほしいのが、筋トレにかけている時間とその内訳です。通常はひとつの部位を2、3セット行いますが、いわゆるインターバルという休憩時間を考えると実質的に筋トレを行っている時間は20分程度になります。

胸、肩、背中、お腹、太もも前、太もも後ろ、ふくらはぎ、というように部位ごとを順番に筋トレしますが、ひとつの部位を鍛えている時間は、1セットにつき1分程度。3セット行ったとしても3分程です。

ジムに週に2、3回通ったとして、お腹を鍛えるのに使っている時間は1週間でたった10分にも満たないのです。

ジムに出かけるための移動時間や着替え、シャワーを浴びたり、お化粧をし直したり、ジムに行く日は、午前、または午後、夜、というふうに大きく予定をあけるのが普通です。ですから気持ちとして運動した感は満載ですが、実質的な内容は薄く、時間的な費用対効果は高いとはとてもいえません。かたや時間やお金もかけずに、本書のお腹やせ動作を朝晩に1分ずつ、1日2分取り入れるだけで1週間で14分と、週2、3回のジムよりずっと多くなります。

ちなみに、私が日頃お腹を凹ませていることでどのくらいエネルギーを消費しているのかを近畿大学の谷本道哉准教授に試算していただいたところ、多い日だとなんとジョギング80分、少ない日でも30分ぶんも消費しているという結果でした。ちりも積もればといいますが、まめに行え、きつくないぶん長めに行うこともできるのでそれこそ運動以上の成果を出すことも可能なのです。

ただし、先にお話ししたように、女性でも筋肉の存在感のある体形になりたい、ダンスなどのスタジオレッスンでストレスを解消したい、といった目的がある場合にはジム等に通うのはむしろおすすめです。友達ができたり、トレーナーと会話したり、といった他の楽しみもあるかと思いますので、ご自身の目的に応じて納得のいく形で賢く活用してください。

ご自分の目的に対して効果的な動きだけ日常の生活に取り入れるのであれば、運動するための移動や着替えや準備運動も不要です。個別の筋肉を太く鍛えるのではなく、若々しい姿勢をベースに、あなたに必要なことだけを、いつでも、どこでも、いくらでも行えます。

わざわざ時間をつくる必要がないから続けやすいというだけではなく、「悩みに応じた成果を出す」という意味で、狙いを定めて生活動作を変えることは合理的、効果的、楽チンなのです。

大人のダイエットで食事を減らすメリットとデメリット

本書では、普段の動作を工夫することで、出っ張ったお腹を凹ませたり、お尻の形を変えるといったように、具体的な体形の悩みに応じた解決方法、そして、一般的な筋トレでは難しい、「狙った場所の脂肪を落とす」にはどうしたらよいかを解説していきます。

ひとつ、ここで知っておいていただきたいのは、体重が大きく減ることは期待しないほうがいいということです。

体重を減らしたい、全身まるっとやせたいという場合には、食事でダイエットするほうが効果的だと思ってください。本書の内容、いわゆる筋トレ、ジョギング、ヨガなどのすべての「運動」に共通していえることですが、体重を減らすのなら食事に気をつけるほうが手っ取り早いのです。

なぜなら、運動で消費するエネルギーは思いのほか小さく、たとえば、100キロカロリーを消費するには、あなたの体重等にもよるとして、20〜30分も歩かなくてはいけません。30分も歩けばかなり運動した感がありますが、甘い飲み物を1杯飲めば元の木阿弥《もくあみ》と考えると、なんだかがっかりしてしまうような数字です。

しかも、脂肪1キロは約7000キロカロリーもあります。ですから、体重1キロを脂肪で落とすには、毎日、30分歩いたとしても2か月以上もかかる計算になります。その点、食事で工夫すれば、大幅なカロリーダウンもその場で可能で、運動のような労力や時間はかかりません。

では、食事でダイエットすればすべて解決するかというと、そうではないところが悩ましいところなのです。特に40代以降ともなると、

◉顔がしわしわしたり、お腹がたるんだりする
◉リバウンドも含め、ちょっと食べただけで太りやすくなる
◉やせてほしいところの脂肪が落ちない

この三つの面で苦労することになります。食事を制限してやせたら、胸やお尻が垂

れたり、老け顔になってしまったというのはよく聞く話です。

ビフォーアフターのインパクトが大きいCMで有名なジムは、短期間に結果を出すことを売りにしていますが、食事で短期間に脂肪を落とし、体がたるまないように筋肉をつける、という手法をとっています。たとえば結婚式に向けてどうしても！　という人には、自己流で無理な食事制限を行うよりはずっとよい結果は出せるとは思いますが、続けないとリバウンドは必至と考えておかないと悲しい思いをすることになるでしょう。

ところで、先のジムのCMでのビフォーアフターで、洋服を着ている姿の人が何人かいるのにお気づきでしょうか。大幅にやせたのだから、いい宣伝になるし本当はお腹を出したいはずですよね。が、実は出せないのです。

私は仕事上でそういう方に会ってきているので見なくてもわかるのですが、お腹の皮膚が何重にもたるんでしまってCMとして成り立たないというか、見せるには忍びない状態ということです。

ＣＭが終わってしばらくすると見事にリバウンドしている芸能人の方を見かけますが、指導したトレーナーさんはさぞかしがっかりしていることでしょう。

きれいごとに聞こえるかもしれませんが、やせる＝きれいになるわけではない、と多くの女性に会ってきて感じます。冷静に考えれば、やせる＝幸せになるではないはずで、人はそれぞれの環境で生活しているのだから、手にする幸せの形はそれぞれです。**人と比較したりせずに、やせた後も維持するのに苦労しない、現実的な体形を目指すようになさってください**。

若い頃は多少の無理をすればなんとかなったとして、大人のダイエットは、ともかくあせって無理なことをしない、これが美しく幸せにやせる秘訣です。

あなたの理想はどんな体形ですか？

運動や食事面で努力をすれば理想の体形になれる、そんなイメージがありますが、実際のところはそう単純ではないのですね。今、それらをがんばっている方には否定的な話になってしまったようで申し訳ないのですが、本当のところを知らないと努力しても報われず何とも切ないものがあります。

あなたがなぜダイエットしたいのか、スタイルをよくする以外にもご希望がある場合は、ここであらためて具体的に考えてみてください。

たとえば、血圧を下げたい、血糖値を下げたい、体重を減らしたい、腰痛やひざ痛を改善したいなど、何を第一の目的とするかによって、効果的なやり方はかなり違ってきます。

血圧のためにダイエットしたいと思うなら、はぁはぁと息が弾むような、いわゆる有酸素運動で心臓の筋肉を刺激するのが最適です。また、血圧が高いだけでなく、かなり太っているようであれば体重を減らすことも有効です。血糖値なら、無理のない糖質制限や血糖値をゆっくり上げるグリセミック指数が低い玄米などを意識的に取り入れるのがよいでしょう。体重を減らしたいのであれば、無理なくカロリーコントロールするなど食生活面での改善が運動よりも近道です。改善したいのが、ひざ痛・腰痛であれば、ひざや腰にかかっている負担を小さくすること。本書は大いにお役に立てることと思います。

さて、本題に戻りますが、スタイルをよくしたい場合も、どこをどのように変えたいのかを具体的に考え、目的を達するにふさわしい行い方をすることが肝要です。それぞれ効果的なアプローチは違ってくるので、一番の目的を意識して取り組むほうが効率よく結果を出せます。

たとえば、何か洋服を買いたい場合、ワンピースなのか、チュニックなのか、スーツなのか、当たり前のように考えますよね。どんな洋服が欲しいか、予算はいくらにしようか、どこのブランドにしようか、色は何色がいいか、それが具体的であればあるほど、より早くお目当ての洋服を手に入れられます。漠然と「素敵な洋服が欲しい」と探しているようだと、納得のいく洋服を手に入れるまであれこれと悩み、悩むことで疲れ果ててしまいかねません。

当然ながら、人によって現在の体形が違っているだけでなく、どんな体形になりたいのか理想もまったく異なります。太めでも気にしない人もいれば、やせているけれどもっと細くなりたい人、寸胴だからくびれが欲しい人、足を細くしながらO脚をなおしたい人、その理想もさまざまです。

具体的にどうしたいかを絞り込んでいただければ、あとは私がその理想に対して最適かつ楽チンなやり方をお教えいたします。

では、あなたに質問です。

トレーナーの私を目の前にして伝えるつもりで考えてみてください。

「あなたの体を具体的にどのように変えたいですか？」

第2章

お腹から即やせるための体の使い方の基本

あなたの体は使えている？　二つのチェック

いきなりですが、私はお肉を焼く時、昔は強火をよく使っていたのですが、家庭では、弱火か弱めの中火で長めに焼くほうが柔らかくおいしく焼けると知ってからお肉の焼き方を変えました。結果、ついやりがちな「ひぃ、今日のお肉は硬っ！」という失敗はなくなりました。

状況によって適切な料理の仕方が変わってくるあたりは、体づくりとよく似ています。なぜうまくいかないのか、どのようにするとよいのか、物事の理由を理解して適切に取り組めるかが成否を分けるのです。

第2章では、あなたの体を狙い通りに変化させるための体の使い方の基本についてお話ししていきます。

早速ですが、「筋肉が使えているかどうか」という感覚を体で感じていただくために、お腹と背中の力をチェックしてみましょう。やり方は簡単です。

まずは、お腹を使えているかどうかです。

お腹の力を抜いて自然な状態でウエストサイズを測ります。

次に、肩を上げないように気をつけながら、できるだけ大きくお腹を凹ませます。

呼吸の力に頼って凹ませるのはNGです。

いかがですか？　どのくらい凹みますか？

また、息を止めずに凹ませて、どのくらい保てるでしょうか。

1センチたりとも凹まない、瞬間的にしか凹ませておけないといった方もいらして、お腹を凹ませる力にはかなり個人差があります。

ひとつの目安として、自然な状態で測ったサイズの1割分も凹まない人は、お腹を凹ませる力をつける必要があると思ってください。

（例）ウエスト70センチなら7センチ凹ませられるかどうか。

実は、**お腹を凹ませられないのは、お腹を凹ませる時に主役として使われる「腹横筋」という筋肉が衰えている**からです。

腹横筋は、重なり合って協力して働く腹筋群の中で一番内側にあるインナーマッスルといわれる筋肉で、ぐるりとお腹回りを腹巻のように囲って内臓を守り支えていま す。多くの人が行っている「腹筋運動」で鍛えられるのはお腹の表側の真ん中にある腹直筋が主です。割れたお腹を目指す人には最適なのですが、腹直筋が割れたとしても内側で腹巻状の腹横筋がゆるんでいたら、お腹は出たままで細くなりません。

たくさん歩いてもお腹があまり凹まないのも、腹横筋が使えていないからです。お腹を細くしたいなら、漠然と運動するよりも「お腹を凹ませる」という動作を行うのが最短の解決策なのです。

では次に、背中の筋肉が使えているかのチェックです（次ページイラスト参照）。

背すじを伸ばしたら後ろで手を組んで、肩をぐっと後ろに引きながら背中に最大限シワを寄せます。二の腕同士を近づける感じです。

次に、腕の位置をキープしながら組んだ後ろの手をそっとほどきます。

背中の力をチェック

○
・手を離しても背中にシワが寄ったまま

×
・背中にシワが寄せられない
・手を離すと勢いよく手が離れてしまう

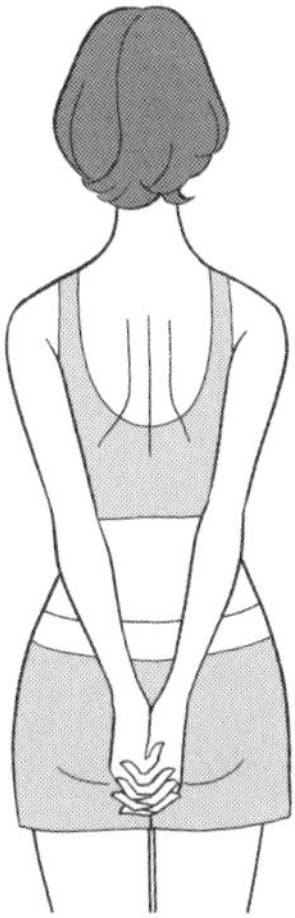

いかがですか？

手を組んでいた時の状態を維持することができずに、一気に手と手が大きく離れてしまった方は、背中の力が衰えています。

「背中」と一言でいっていますが、特に重要なのが、「背すじを伸ばす」力と「肩を引く」力です。

背中の力がなぜそんなに重要なのか、料理のいろは同様に理由は追ってわかりやすく解説していきます。

誰も教えてくれない姿勢の怖い話

生活動作を変えて体形を変える上で最大限の成果を出す秘訣があります。

それが、「姿勢」です。

「効果的なダイエットエクササイズ」というと変化を期待させてくれるのに対し、「姿勢」は当たり前すぎてイメージしにくいかもしれません。

しかし大げさな話ではなく、**運動なんて行わなくても姿勢を見直すだけでお腹はほっそりし、見た目年齢が最低5歳は若返り、肩こりや腰痛がよくなります。**

そうなの？　それならもっと姿勢がよくなりたいわ、と思っていただけましたか？

早速、基本の姿勢のポジションを確認してみましょう（次ページイラスト参照）。

でこぼこのない平らな壁に、体の背面をつけて立ってみてください。

いかがですか？　後頭部、肩の後ろ、お尻、かかとが壁につくでしょうか。

どこかつかないところがある、または、とりあえずつくけれど違和感が大きい、つ

基本の姿勢のポジション

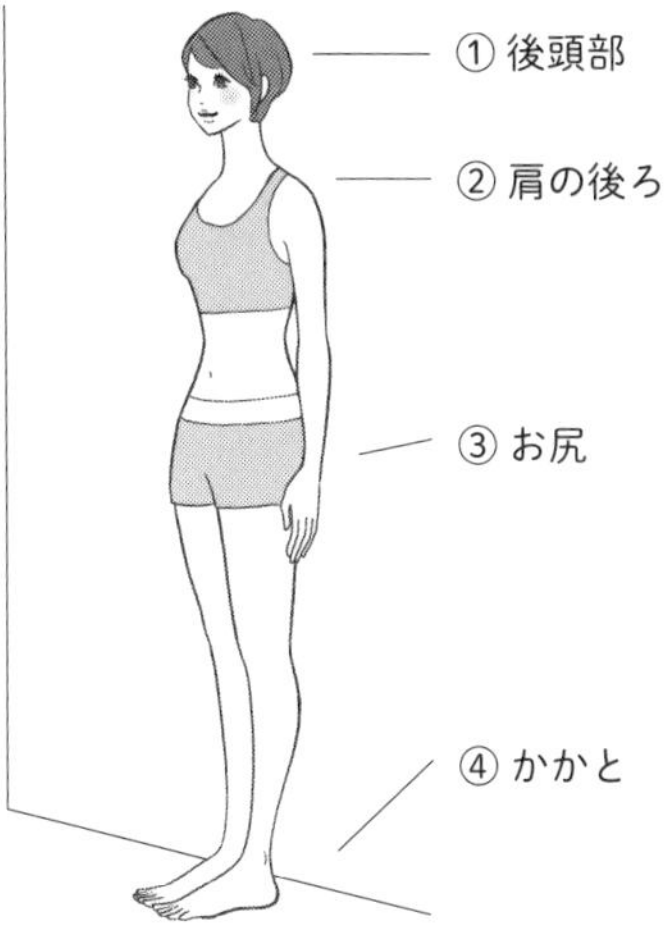

らさを感じるという方は、背中の筋肉が衰えている可能性が高いです。

背中の力は実は、首、肩、腰などの体の節々の疲れや痛みと大きくかかわっています。

ご理解をいただくために、ご自分の体を魚肉ソーセージだとイメージしてください。魚肉ソーセージの最上部には、あなたの頭が乗っています。この頭の重さは約５キロ、なんと５００ミリリットルペットボトル10本分もの重さです。

さて、頭の位置が前にあるほど魚肉ソーセージはどうなるでしょう？

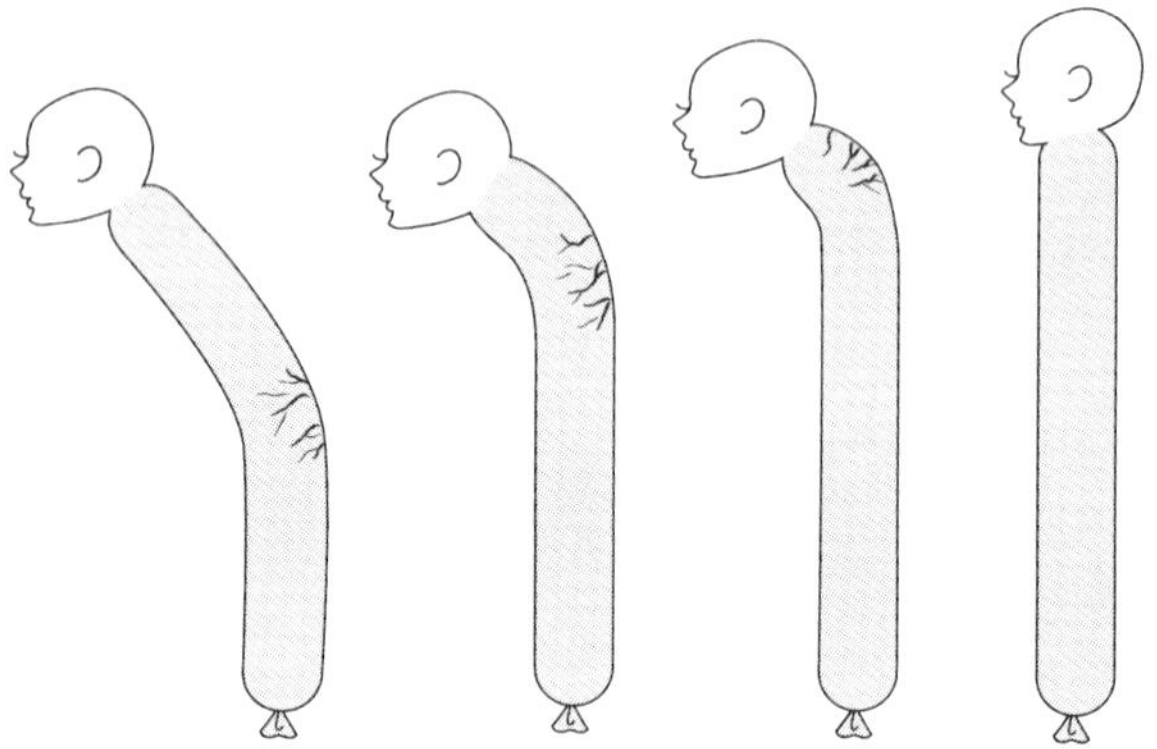

そう、首や背中、腰の裏側には、その傾き方によってぴりぴりと引き裂かれるような力が加わります。私たちの生活はほとんど前のめりの動作ばかりです。頭が前に出ている姿勢や動作により、背中側の筋肉はソーセージが裂けて折れるような負荷にさらされ続けます。「背すじをまっすぐに伸ばす力」の弱さは首や肩、背中の疲れに直結しているのですね。

ここで少し私自身の話をさせていただくと、私は指導者として修業中に腰をひどく痛めてしまいました。今から

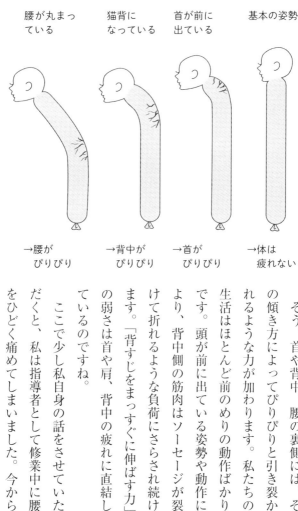

考えると姿勢に無頓着なまま運動をがんばったことが原因でした。姿勢がそんなに大事だなんて、当時は夢にも思いませんでした。

多くの人が漠然と「姿勢がよいほうがいい」とは思っているでしょう。でも、姿勢は長年の生活習慣の中で身についてきているので、クセを直すことと同じで、すぐにパッと変えられるものではありません。

それでも、**意識して基本の姿勢に近づくようにするだけで、その人にとっては「筋肉トレーニング」になります。そこに何も根性はいりません。**

使いにくくなっているところを使えるようになれば、お腹が凹むだけでなく、肩こりや腰痛がよくなったりと体調もよくなります。

あちこちが疲れていたら、ダイエットどころではなく疲れと共に歩む人生になってしまいます。姿勢を意識することは、想像以上に大事なのです。

「お腹やせ」的に正しい体幹の鍛え方

女性マラソンランナーのお腹を見たことがあるでしょうか。

彼女たちは体脂肪率が低くお腹の脂肪も極薄ですが、むしろ寸胴《ずんどう》に近いスタイルの選手が多いでしょう。それは、長い距離をより速く走るために体の軸を安定させるべく、かなりハードな腹筋運動で体幹の筋肉を鍛えぬいているために、脇腹の筋肉も太くなっているのです。体幹を鍛える＝ダイエットによさそう、というイメージがありますが、話はそう単純ではないのですね。

ダイエットしたい人が体幹を強くすることは大きな方向性としては正しいのですが、どのように鍛えるか、鍛え方が重要です。具体的には、43ページで紹介した基本の姿勢のポジションでお腹をより大きく凹ませる力を高めることが、美しいくびれとペタンコ下腹をつくる究極の体幹トレーニングになります。

え、それだけ？　と思われるかもしれません。基本の姿勢のポジションで、あらためてお腹をギューッと凹ませてみましょう。

どうですか？　お腹は大きく凹みましたか？　基本の姿勢のポジションで凹ませようとすると意外に難しいと感じたのではないでしょうか。実際、下腹にお悩みのある方は下腹があまり凹まないのです。

あー、確かに凹ませられないわ〜、という人は、第1章でお話ししたように、下腹の筋肉を使えていないということです。下腹だけ部分やせするには、この**下腹を凹ませる力をいかに使えるようになるかが成否の分かれ道**といえます。

本来、下腹を凹ませる力がどんな時に使われるのかを実感していただくために、もうひとつ、お試しいただきましょう。

目の前にリンゴの木があるイメージで、その下からリンゴを取るつもりで片手を真上に伸ばしましょう。その時、もう一方の手は下腹にあてておきます。

さて、手を伸ばしただけでは、まだ手はリンゴに届きません。

それでは、あともう少しでリンゴに届く、もう少しと、さらに高いところまで手を伸ばそうとしてみてください。

いかがですか？

上に伸びようとすればするほど、お腹が引き伸ばされながら凹み、もっと上に伸びようとすると、さらにウエストを絞る動きによって下腹まで使われて凹んでくるのがおわかりいただけたでしょうか。

なぜお腹が出てしまうかというと、高いところにあるリンゴを取る必要がない便利な生活の中で、普段はこのような筋肉の使い方をしていないからなのです。伸び上がる必要がないから、下腹を凹ませる力は衰え、使い方も忘れてしまいます。

従来の腹筋運動や体幹トレーニングで、なかなか下腹の悩みを解決できないのは、筋肉の使われ方が違うからなのでした。お腹を凹ませて細くしたいのであれば、リンゴを取る時に近い形で筋肉を刺激することが合理的かつ効果的です。

生活の中で自然な形で下腹を使うには**基本の姿勢のポジションで背すじをしっかりと上に引っ張り上げ、より大きくお腹を凹ませるのが基本**になります。

現代はともかく前のめりの動作が多く、背すじを伸ばさないことでお腹はたるみ、また凹ませる必要がないことでお腹が前に出てしまうのです。このメカニズムを理解しておくと、より成果を出しやすくなると思います。

100歳まで歩ける体づくり

歩くことは誰でもできるものの、大勢の人が「なんとなく」歩いています。私の見る限りですが、若い頃はスタイルがよかったけれど年をとって体形が崩れてしまう女優さんやモデルさんは「歩き方」の基礎ができていないようです。年齢を重ねても、ハリのある体形を保っている人は確実に歩き方が違います。

歩き方を変えるだけで若々しくスタイルがよくなるのは、**颯爽と歩くためには全身の筋肉をしっかりと使う必要があるから**です。これまで「運動」をがんばった経験がある方が、「たかが歩き方くらいで、それ本当？」と思われるのは無理もありませんけれど、変わるのです。

ヒップアップの動作を例にあげて考えてみましょう。

お尻はなぜ年とともに垂れていってしまうのでしょうか？

それは、普段お尻を持ち上げるような動きをしていないからです。

ヒップアップのエクササイズ

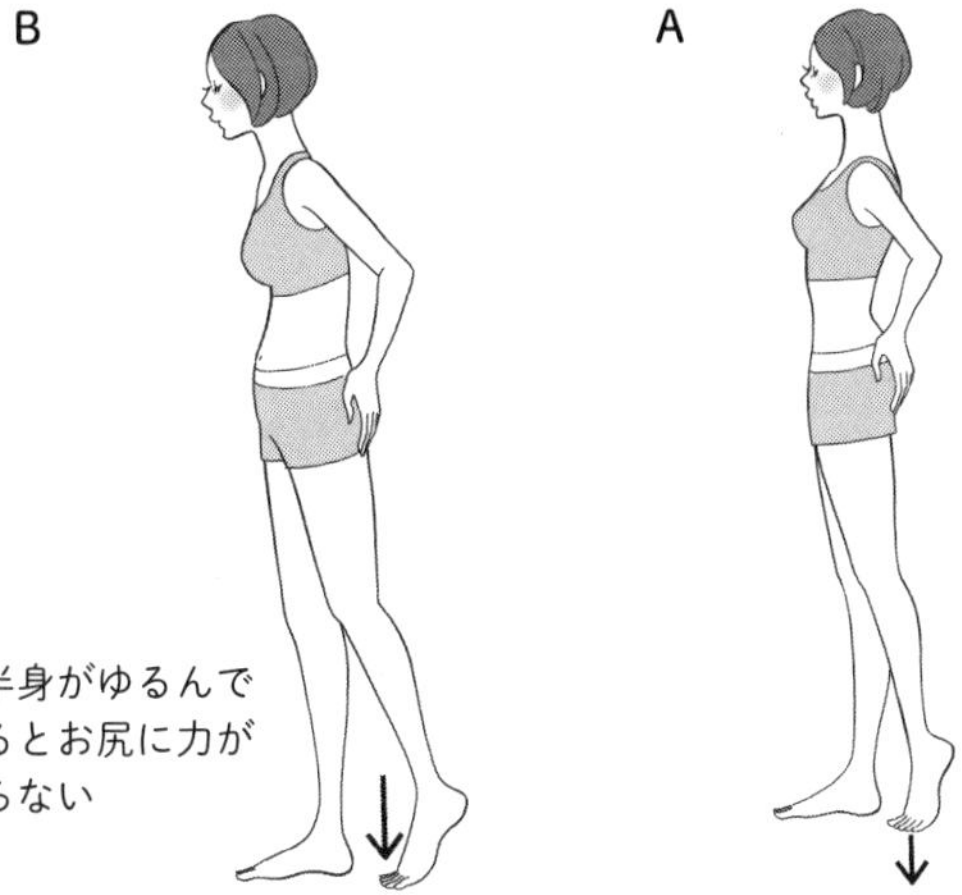
B
A
上半身がゆるんで
いるとお尻に力が
入らない

また、ヒップアップのエクササイズを行っているのに、いまひとつ効果を実感できないことがあります。それはなぜなのでしょうか？

理由は二つあります。ひとつには、お尻だけを鍛えていて上半身の筋肉と連動して使うことができていないためです。

ここで、実際に立った状態でのヒップアップのエクササイズを行って、どういうことなのかを体で感じていただきましょう。

まずは、上のイラストAを行います。

イラストのように背すじをしっかり伸

ばし、お腹も凹ませ、片足を後ろについたら、後ろ足の側のお尻を手で握ります。次に、後ろ足を伸ばしながらつま先で床をぐっと押してみましょう。お尻に力が入って硬くなり、形も上に持ち上がったのがわかりましたか。

では、前ページのイラストBのように背中もお腹も力を抜いた猫背の状態で、同じようにつま先で床を押してみましょう。足が伸びにくく、お尻にも力がうまく入りませんよね。

上半身の力がどれくらい使えているかで、お尻の筋肉の使われ方が違ってきます。形だけをマネしていても使えていなければヒップアップ効果は低くなるということです。筋肉を連動させて使うことが重要で、実は姿勢が大事という理由をご理解いただけたでしょうか。

さて、ヒップアップのエクササイズを行っているのに効果を実感できないもうひとつの理由は、「行う分量が足りない」ことです。

たとえば、ヒップアップのエクササイズを10回×3セット行う場合は30回です。かたや歩く時の動作にヒップアップの動きを取り入れれば、10分間で歩数にすると約1000歩、つまりは1000回もエクササイズを行っているようなものです。だから、颯爽と歩ける人はスタイルがよいのです。

ちなみに、このヒップアップする筋肉の使い方は、歩く時に後ろ足を強く蹴って前に進む時に必要です。ちょっと歩き方を意識して変えるだけで、ヒップアップするだけでなく力強く歩く力を高め、生活の中で無理なく維持できるということです。

本書は、ダイエット本ではありますが、同時に「100歳になっても元気に歩ける体」を目指す内容でもあるのです。

体形を変える！　二つのアプローチ

ボディラインをなんとかしたいのか、脂肪を落としたいのかによって効果的な筋肉の使い方が違います。たとえば同じ「走る」という動作を行っているのに、「短距離ランナー」と「長距離ランナー」の体つきがまったく違うのは、筋肉を「強く」使っているか、「長く」使っているかの違いです。具体的に解説していきましょう。

私のカルチャースクールのお腹やせ講座では、1時間ほど基本の姿勢とお腹を凹ませる動きを練習しますが、10センチ以上細くなる方がいて、不思議な手品を見せられた時のようにみなさんが驚かれます。

これはマジックでもなんでもなく、お腹を凹ませる動きを繰り返すことでお腹の筋肉をキュッとしまった状態に形状記憶させているのです。

たった1時間で、あっという間にウエストサイズが細くなるのには秘密があります。

それはキュッとしまった状態にするために、お腹をより大きく凹ませる動きで筋肉を「強く」刺激しているのです。

筋肉に強い力を発揮させるので、一般的に行われている「筋トレ」と方向は似ていますが、負荷を大きくして筋肉を太くするのではなく、あくまで**たるんだ筋肉に本来の力を取り戻して「ひきしめる」ことを目的にしています。**

練習でのサイズダウンはとりあえず一時的なものですが、覚えた筋肉の使い方を生活の中で繰り返すことによって、一時的ではなく筋肉がひきしまった状態になっていきます。筋肉は使っているなりの形に形状記憶します。よく笑う人の口角が上がっているのは口角を上げるような筋肉の動きをよく使っているからです。

ストレッチを行うようになると体が柔らかくなっていくのも、形状記憶のひとつの形と言えます。体は使っているなりにしなやかにすることもできれば、キュッとひきしめることもできるのです。

第3章では、筋肉をどのように使えば、どのような形になるのかを解説しながら動作を解説していきますので、なりたい形をしっかりイメージしながら、日々の生活動作で繰り返して、あなたの体を理想の形に形状記憶させていきましょう。

ボディラインを積極的に変えたい場合、時間の目安は、「より強く」を意識して、10秒〜30秒です。10秒を何回か繰り返すのもありです。

次に、脂肪を落としたい場合はどう行ったらよいかというと、できるだけ「長く」行います。もし「長く」行うのが難しい場合は、「こまめに」行います。知っておいていただきたいのは、脂肪を落とすのにはある程度の時間がかかるということです。私の講座でも、いくら大幅にサイズが落ちても脂肪が落ちているわけではありません。脂肪を落としたいなら、筋肉を繰り返し持久的に使うことで、気になっているところの脂肪を燃やしていく必要があります。

人によって何をどのくらい行うかの取り組み方は違ってくるので、数値化するのは難しいのですが、たとえば長くこまめにお腹を凹ませている人で、一日にバター半かけ～ひとかけ分（10グラム）の脂肪が減っていくという感じでしょうか。どんなに少しずつであっても、ちりも積もれば山となるです。食事では部分やせできないので、ここは根気よく取り組んでいただきたいと思います。

脂肪を落としたい場合、1回での目安は30秒以上です。

ボディラインも変えたいし、脂肪も燃やしたい場合は、「強く」と「長く」、両方行います。

生活の場面や行う動作によって行いやすさも変わってきますから、**ボディラインを変えるなら「強く」、脂肪を燃やすなら「長く」、ここの基本を頭に入れておきましょう。**本書で紹介している動作も、あなたの目的に合わせた行い方をしてください。

日常動作を変えるだけメソッドの取り組み方と注意点

次の第3章では、お悩みに応じて生活動作を具体的にどのように変えるとよいかを具体的に提案していきます。

朝、起きてから寝るまで、シチュエーションごとにおすすめの動作を紹介していますが、いきなりすべてを行おうとするのはおすすめしません。

人目にはわからなかったりと、いくら地味な動作でも、朝から晩までがんばって日常動作を変えようとするのはかなり無理がありますし、かえって挫折します。気になる部位の動作を選び、これなら習慣にできそうというものだけに絞り込んではじめてください。気になる部位をどのように使ったらいいのかがわかってしまえば、生活の中のいろいろなシーンでの実践が可能です。たとえば、お尻を小尻にする動きは、お尻をしめるだけですから、いつでもどこでもできますし、立っていても座っていてもできます。

おさらいしますと、**ボディラインを変えたい場合は、ひたすら強く力を入れ、脂肪を落としたい場合は、できるだけ長く筋肉を使い続けるのが基本**です。

両方かなえたい場合は、強く力を使う時と長く使う時に分けてもよいし、もしくは、強めに力を入れて、そのままの力で使い続け、疲れたらおしまいで大丈夫です。強めに力を入れて行っていくうちに楽に長く強くできるようになっていきます。できるようになればなるほど体は変わりますが、大事なのは**使っている部位と目的を意識しながら行うこと。時間は目安ととらえてください**。細かな秒数は重要ではありません。

動作の選び方ですが、基本的にお悩みに応じた続けやすいものを選びます。また、43ページの基本の姿勢のポジションで行いにくさを感じるところがあれば、それがあなたの筋肉の弱点です。最小限の努力で最大限の成果をあげるためにも、弱点を改善する動作も取り入れましょう。

動作によっては、すんなりできるものと、思うようにできないようなものがありますが、どれも特殊な動きではなく、１００歳まで歩く生活のために必要な力ばかりです。できないまま無意識に生活をしていると遠からず歩行がままならなくなる可能性があります。歯磨きやお肌のお手入れと同じように、体に必要なメンテナンスとして、淡々とお続けください。必ず結果がついてきます。

頻度や時間を増やすなど、やればやるほど成果が出るとしても、ダイエットするためだけに生活はしていないはずですから、疲れがたまるようなやり方はなさらないようにお気をつけください。

また、**痛みを感じるような動作があったら同じ動作を続けないでください**。体の状態は人それぞれです。たとえば、片足で立つだけでひざに痛みを感じるようでしたら、姿勢を見直したり、壁に手をついたり、他の動作に変えるなど痛みが起きない状態で行ってください。無理なく行っているうちに、関節を守る筋肉が強くなり、関節にかかる負担も小さくなり、結果、痛みを感じず同じ動作ができるようになるはずです。

痛みを我慢して行うのはＮＧですが、痛みの起きない範囲で行うことはとても重要です。心身ともに、「無理なくマイペース」を心がけてください。

第3章

植森式
日常動作を変えるだけ
メソッド

朝、寝ながら背伸びでお腹を凹ませる

朝、起きた時に、布団の上で思い切り伸びをしながら思い切りお腹を凹ませる動作を行うのは、かなりおすすめの動作です。

普段、生活動作は、どうしても前のめりで行うため、背中は丸まり、体は縮こまっていきやすいのです。ご年配の方ですと、若い頃より身長が低くなってきた、という方も珍しくありません。

伸ばしていない背中は伸ばせなくなってしまいます。「そんなのはイヤ、私の背中は一生丸まらない」というイメージをもって行ってください。それは、決してイメージではなく、年をとっても年齢不相応に若々しいあなたの姿に必ずつながります。

特に、41ページの背中の力のチェックで背中の力が弱いと感じた方、43ページで基本の姿勢のポジションに大変さを感じる方は、ぜひ、毎朝の習慣になさってください。

ところで私は昔から、どんなに落ち込んでいるときでも、背すじを伸ばすと気持ちがすっきりして元気が出る、ということを感じていて「不思議だなぁ」と思っていたのですが、脳科学や心理学の発展により、その理由が明らかになってきました。

なんと、背すじを伸ばすとやる気が出る、自信がわいてくる、というのは、気のせいではなく、さまざまな研究により実際に証明されているそうです。

え、ほんと？　と思われた方。

今、思い切り口角を上げて笑顔をつくってみてください。

すると、あら不思議。いつの間にかなんだか明るい気分になってきませんか？　筋肉の動きと感情には相関関係があり、楽しくなくても口角を上げているだけで感情が変化するのは、筋肉の動きによって脳が刺激されるということらしいです。

悲しい時こそ笑うとよい、と聞いたことがありますが、けっして精神論ではなかったのですね。そういう意味で、普段、気分が落ち込みやすい人は、楽しくなくても口角を上げるように心がけてみてください。

さて、ただ背伸びするだけでも、気持ちが前向きになるとして、背伸びした状態でさらにより大きくお腹を意識的に凹ませることで、お腹全体と下腹まで効かせることができます。お腹のたるみが気になる人にも効果的な動きです。

3種類のお腹凹ませ背伸びを紹介しておきますので、ご自分に合ったものをお選びください。（※下腹を凹ませる力が弱い方は66ページをご参考にどうぞ）

朝起きた時に行うと、目覚めもよくすっきり起きられますよ。朝は寝起きが悪すぎて無理～、という人は、目が覚めてから立って行ってもOKです。

基本のポーズ

Point 1

手を組んで伸びると効果アップ！

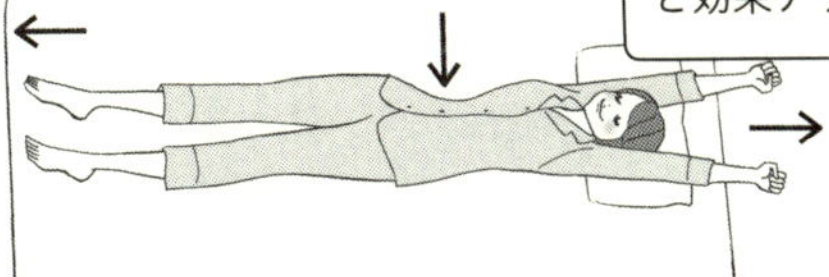

大きく伸び、体を布団にめりこませるつもりでお腹を大きく凹ませる

前肩や猫背の人向け

Point 2

腰をそらさないよう注意する

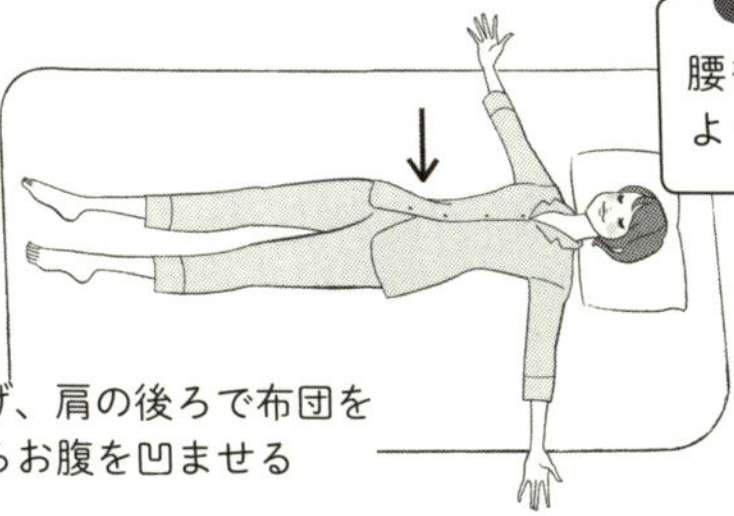

両手を広げ、肩の後ろで布団を押しながらお腹を凹ませる

くびれたい人＆腰が弱い人向け

Point 3

足の幅は広めがおすすめ

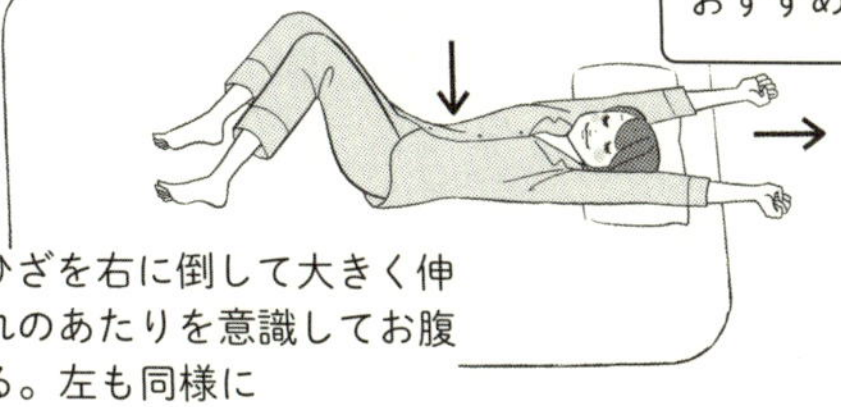

立てた両ひざを右に倒して大きく伸び、くびれのあたりを意識してお腹を凹ませる。左も同様に

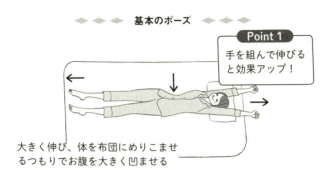

洗顔しながら下腹を凹ませる

洗顔時にお腹を凹ませるのは、下腹をペタンコにしたい人におすすめの動作です。

たとえば、普通に立っている状態でお腹を凹ませた時、凹ませようとはしているものの実際にはまったく凹んでいない、という方がいます。これは、下腹の凹ませ方を忘れている状態です。そもそも下腹を使えていない＝凹んでいないと凹んだお腹を形状記憶しようがなく、せっかく行っていてもあまり成果は期待できません。

下腹を使えない、つまり、下腹のコントロールが利いていない人が、先に紹介した「伸びをしながら凹ませる」（62ページ）ということを行うのは、効率がよいとはいえません。発声の基礎ができていない人が難しい楽曲にチャレンジするようなものなのです。

洗顔時のように、背中を丸めた状態のほうが下腹は凹ませやすくなります。

「下腹って、いったいどうしたら凹むの？」という方や、あまり大きくは凹ませられない方は、ぜひ洗顔時に下腹をくの字にえぐって引き上げるようにお腹を凹ませてみてください（69ページイラスト上）。そして、下腹を凹ませられるようになってきたら、伸びをしながらや、基本の姿勢のポジションで凹ませていきましょう。

行う時間ですが、やせているけど下腹だけ出ているような方は「10秒めいっぱい凹ませる」という形状記憶させる目的で行うのがよいでしょう。たった10秒であっても、つらい腹筋運動を行うよりも比べ物にならないくらい凹ませ効果は高いですよ。

下腹の脂肪を落としたい場合には、顔を洗っている時はずっとお腹を凹ませておくようにしてみてください。続けているうちに、より大きく凹ませておけるようになっていきます。

さて、洗顔姿勢でお腹を凹ませるという動作には、下腹が弱い人でも凹ませやすいという他にもメリットがあります。それは、「腰が弱い人におすすめの動作」ということです。

腰痛を起こしたことがある方はよくおわかりになると思いますが、洗顔時のように前かがみの姿勢をとると腰が痛くてつらいもの。なおりかけた腰痛が、顔を洗った際にぶり返してしまうこともありがちです。

腰に不安がある方は、腰痛予防をかねて背すじを伸ばし、お腹を下腹まで凹ませましょう（左ページイラストまん中）。きつく感じる場合は足幅を広くしてひざを浅く曲げるようにします。

お腹を下腹まで凹ませる力は、お腹をペタンコにするのに必要なだけでなく、腰痛用コルセットのように腰回りをしめて固定し保護してくれる力です。

「今、腰が痛くてとにかくつらいです」という人は、左ページの下のイラストのように両ひざだけでなく上腹と両ひじを洗面台につくとかなり楽になります。腰のコンディションに合わせて行ってください。

下腹を凹ませる力が弱い人向け

両ひざを洗面台の前面につき、下腹をできるだけ大きく 10 秒、または、洗顔中ずっと凹ませる

Point
下腹をえぐるように凹ませる

腰に不安がある人向け

両ひざを洗面台の前面につき、背すじを伸ばし、下腹をできるだけ大きく 10 秒、または、洗顔中ずっと凹ませる

Point
ひざを深く曲げると強度はアップ。無理のない範囲で行う

腰が痛くてつらい人向け

両ひざ、上腹、両ひじを洗面台につき、両ひじで体重を支えるようにして顔を洗う

Point
腰の痛みが楽になる場合のみ、お腹を凹ませる

歯みがきタイムは下半身やせする歩き方の練習

歯みがきをしながら行うのにおすすめなのは、「太もも前側」と「太もも裏側からヒップ」のひきしめ動作です。この動きはどちらも歩く時の足の使い方と同じ。つまり、美しい歩き方の練習にもなります。

目的ごとの歩き方については114ページで紹介いたしますが、練習といっても、時間がかかる運動でもないし、つらくもありません。また、歩き方スクールにお金と時間をかけて通うことを考えると、家で歯みがきをしながら行えるというのはとても手軽。下半身をしっかり使うためには、上半身を安定させる背中やお腹の筋肉をバランスよく使う必要があり、転倒予防にも有効な動作になります。

まず、太ももの前側ですが、主に足を前に持ち上げる時に使っています。

足を前に踏み出す際、どのくらい足を高く上げるか、また、踏み出した前足をしっかりと伸ばせるかどうかで、使われる度合が変わります。太もも前側の筋肉の使われ方がどのくらい変わってくるか、ちょっと、試してみましょう。

まっすぐに立ったら、歩き出す時をイメージして、片足を前に出します。この時、上げている太ももの前側をさわってみてください。力が入って、少し硬くなっているのがわかるでしょう。

では、今度は太ももの前側をさわったまま、かかとを前に押し出すようにつま先を上に向けて前足のひざをしっかりと伸ばします。ひざの裏側まで伸ばしましょう。先ほどよりも、格段に足の前側の筋肉が硬くなっているはずです。足をしっかり伸ばし大きく持ち上げるほど、太ももの前側はぐっと硬くなります。それだけしっかり筋肉が使われている、ということです。

歩く時に前足を伸ばす力、そして、大きく持ち上げる力が衰えると、結果的に歩幅が小さくなりつまずきやすくもなるので、生涯、力強く歩く力を維持するという意味でも意識する価値があります。メリハリのある足にしたい、大股で歩く力をつけたい方は足を高めに上げて10秒〜30秒ほど、脂肪を落としたい方は歯をみがく間、低めにずっと足を上げ続けます（左ページイラスト上）。最初はできなくても無理はありませんが、ゆくゆくは立ち足のかかとを少し浮かせて行えるようになることを目標にしていきましょう。

次は、太ももの裏側からヒップですが、51ページで試していただいたように、後ろ足のつま先で強く地面を押す、という動作です。歩く時に後ろ足でより強く地面を蹴って歩くのに必要な力です。

太もも裏側からヒップのたるみが気になる方は、床をできるだけ強く押して10秒〜30秒ほど、脂肪を落としたい方は歯をみがく間、床を押し続けましょう（左ページイラスト下）。

太ももの前をほっそりさせる動作

歯をみがきながら、前足の太ももをしっかり伸ばして持ち上げる。
片足で立つだけでふらつく人は、片手を軽く壁について行う

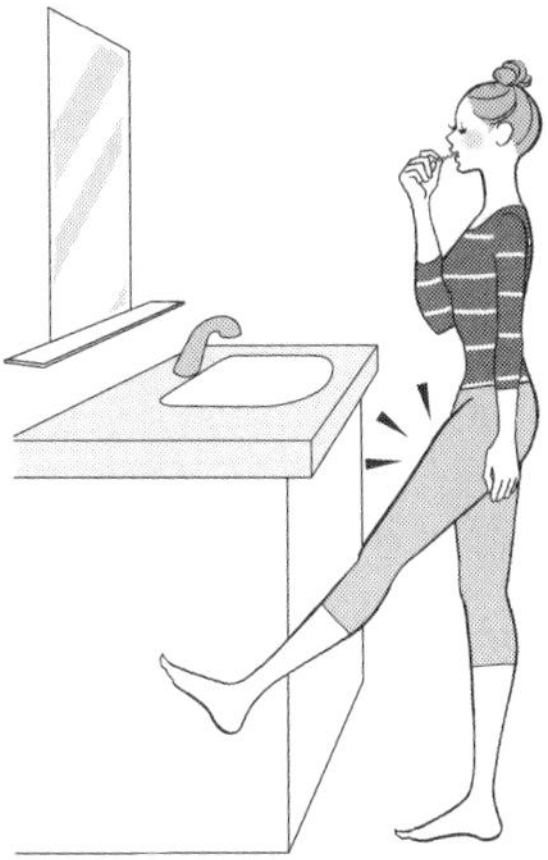

Point
腰が落ちないように注意する

太もも裏側ひきしめ&ヒップアップの動作

歯をみがきながら、後ろ足を伸ばして、つま先で床を押す

Point
姿勢が前のめりにならないように

椅子に座りながら、くびれづくり

くびれづくりにおすすめなのが、椅子に座っている時に、片側のお尻を持ち上げるという動作です。

くびれをつくるのに体をねじりながら持ち上げる「ツイストクランチ」という腹筋運動を行った経験があるかもしれませんが、この運動でくびれをつくるのは至難の業です。私が以前に指導した女性誌のモデルさんは、脇腹を鍛えすぎて、むしろくびれのないお腹になってしまっていました。

どういうことかというと、くびれをつくるには脇腹にある「腹斜筋」という筋肉がカギを握っているのですが、上半身を持ち上げたりと負荷をかけて行いすぎると腹斜筋が太くなってしまいます。体をねじるという動きは、振り返ったり、寝返りをうつ時などに使われますが、競技スポーツのためでないなら、ハードな鍛え方は必要ありません。

では、どうすれば、くびれづくりに効果的な鍛え方になるかというと、お腹を凹ませながら、腹横筋（39ページ）と連動して腹斜筋を使うことがポイントになります。

具体的には77ページのイラストのように、足を組んで片側のお尻を椅子から浮かせながらお腹を凹ませます。涼しい顔をしていれば、人に気づかれませんし、見た目も美しいという点でおすすめです。お尻を浮かせている時に背中が丸まってしまわないように、くれぐれも注意してください。

お腹を凹ませながらお尻を浮かせることによって、使われにくい腰部の筋肉も使うことができます。腰部に効いている感覚がわかりにくい人は、手で少し強く押すようにさわりながら練習すると、だんだん腰部の脂肪の奥のほうに力が入って筋肉が使われている感覚がつかめてくるかと思います。

行う時間は、大きく持ち上げて10秒～30秒ほど、または、小さめに持ち上げ、できるだけ長く、というように、あなたの目的に合わせて行いましょう。

足を組むと骨盤がゆがんでしまうのでは？と心配になるかもしれませんが、それは、いつも同じ足を組むのがクセになっている場合です。むしろ、ずっと同じ姿勢で座りっぱなしでいるよりも、足を組むという動きを時々入れるほうが、疲れはたまりにくいのです。

また、左ページの下のイラストのように椅子に浅く腰掛ける、という座り方は、疲れにくさでもイチ押しの座り方です。電車などの乗り物では、目の前に立っている人の邪魔になってしまうし、変な目立ち方をしてしまうのでできませんが、差し支えない場所ではできるだけ浅く腰掛け、骨盤を立てて、疲れない程度に背すじを伸ばして座るクセをつけていきましょう。見た目にも美しく素敵です。

足を組むのに抵抗がある場面では、「疲れにくい座り方」でさりげなく片方のお尻を浮かせる、という手もあります。状況に応じていろいろとお試しになってみてください。

くびれをつくる座り方

足を組み、真上に伸びながらお腹を凹ませて、足を組んでいるほうのお尻を椅子から浮かせる。反対の足でも同様に

Point

両肩の高さを変えないよう体をまっすぐに保つ

疲れにくい座り方　※猫背気味の人にもおすすめ

椅子に浅く腰掛け、両足に軽く体重をのせ、骨盤を立てて座骨で座る

Point

軽く背すじを伸ばしておくだけでOK

掃除機タイムに、下半身ひきしめ、背中のハミ肉をとる

掃除機をかける動作は無造作に行いがちです。でも、ちょっとした工夫で、体のいろいろな部位に効かせることができます。ご自分のご希望をかなえるような掃除機のかけ方をチョイスしてください。

まず、下半身全体をひきしめたいという人は、ノズルを前に押し出す際に、腰を落として片足を大きめに踏み出しながら掃除機をかけましょう（81ページイラスト上）。トレーニングジムに行ったことのある人なら、上半身を立てて、片足を大きく前に踏み出す「フロントランジ」という筋トレを行ったことがあるかもしれません。ここで紹介している踏み込みながら掃除機をかける動作は、軽めのフロントランジを繰り返すような動きです。

日常動作では、片足でつんのめりそうになった時にふんばったり、スコップで雪か

きをするときに使います。これらの動作はめったにないとしても、足腰の衰えを感じる人なら掃除機をかける動作を意識的に行っておいて損はありません。

体重を移動させながら体を支えるので、深く踏み込むと意外に疲れます。右足も左足も大きめに10回程度、または軽めに深く踏み続けて疲れたらおしまい、といったやり方がよいと思います。

ちなみに、「下半身より、やっぱりお腹！」という人は、前足で踏み込んだりせずに、キュッとお腹を凹ませることを意識するほうがよいです。

日々のお掃除が憂うつにならない程度に心がけてみてください。

次に、背中のハミ肉が気になる人は、掃除機のノズルを引く時に、最後にハミ肉あたりを押しつぶすようにぎゅっと脇をしめるようにします（81ページイラスト下）。

イメージとしては、掃除機のノズルを竹やりとすると、竹やりを下方に向かって軽くついた後に、力を入れて引く、という感じです。いつの時代の人ですか？　という話になっていますが、この脇をしめる、という動作がポイントになります。わかりにくいようでしたら、掃除機のノズルを持たない状態でハミ肉を押しつぶすつもりで、ひじを背中側に隠すように脇をしめて感覚をつかみましょう。

さて、最後に腰痛にまつわるお話をしておきます。

掃除機をかけると腰が痛くなるので憂うつという方がいました。それは掃除機のかけ方がまずいのです。

背中を丸めて上半身を前に倒す動作では、腰の筋肉が伸ばされてちぎれるような力がかかります（43ページの魚肉ソーセージの話）。

掃除機に限らず、洗顔、物を拾う時など、腰が弱い人が意識的に行いたい鉄則が「背すじを伸ばす」こと。掃除機をかける時の下半身ひきしめの動きも、背中のハミ肉をとる動きも、背すじを伸ばすことは必須と思ってください。ただし、背伸びの時のように思い切り伸ばさなくてもＯＫです。

下半身をひきしめる掃除機のかけ方

片足を大きめに踏み出して、腰を落としながら掃除機をかける

Point

上半身をまっすぐに保つ

背中のハミ肉をとる掃除機のかけ方

ノズルを引く時に、脇をぎゅっとしめながら掃除機をかける

Point

肩を上げないように注意

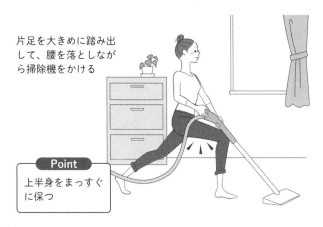

洗濯の脱水待ちに、二の腕ほっそり

お洗濯がそろそろ終わる頃かな、と見に行ったら残りあと数分、そんなタイミングで行うのにおすすめなのが、洗濯機に手をついてひじを曲げた状態でキープするという動作です。

二の腕の後ろ側は、多くの女性が気にしているものですが、なぜ二の腕の後ろ側にばかり脂肪がつきやすいかというと、そう、もうおわかりですね。

それは、二の腕の後ろ側の筋肉を普段あまり使っていないせい。使えていないという感覚を実感していただくために、ちょっと試してみましょう。

まず、あなたの腕の前側、いわゆる力こぶの筋肉に力を入れてみてください。

腕の前側に力が入って硬くなりましたよね？

では、今度は腕の後ろ側、いわゆる「振袖」の筋肉に力を入れてみましょう。

いかがですか？

前側には力を入れられるけれど、後ろ側になったら、いきなり、「ん？」となってしまったはずです。それだけ二の腕の筋肉をコントロールする力がなくなっているのですね。いくら食事に気をつけても二の腕の脂肪は手ごわくて落ちないので、生活の中で賢く上手に使いましょう。

二の腕の後ろ側が生活の中で主役となる動きは、いくつかあるのですが、それらは現代の便利な生活の中ではあまりない動きばかり。そのひとつが、腕を使って「支える」という動作です。「支える」という体の使い方を日常生活のどんな時に行っているか、なかなか思い当たらないですよね。

普段の生活では腕で体を「支える」必要はなくても、たとえば転んだ時は手をついて体を支えます。腕を曲げて体重を支えることで、胴体や頭を打ちつけないように、二の腕の後ろ側ががんばってくれるわけです。

また、この体重を支えるという動きを定期的に行うことによって、手首の骨を強くする効果も大いに期待できます。ちょっと転んで軽く手をついただけなのに手首の骨を折ってしまうことのないよう、二の腕後ろ側をひきしめがてら、手首の骨が強くなれば一石二鳥だと思います。私は、洗濯機ではなくテーブルに手をつき体重をかけ、お腹を凹ませてテレビを見ながら行っています。二の腕をほっそりさせたいという人は、ちょっとした時間を見つけて、ひじを曲げて体を支える、という動作を取り入れていきましょう。

さて、やり方ですが、脇をしめた状態で手をつき、ひじが開かないようにゆっくりとひじを曲げ、体を洗濯機に近づけます（左ページイラスト上）。

二の腕にハリを出したい場合は、ひじを大きめに曲げて10秒〜30秒ほど、二の腕の脂肪を落としたい場合は、浅めに曲げて30秒以上行います。慣れてきたら左ページイラスト下のように行うとお腹やバストにも効かせることができます。

二の腕の後ろ側をひきしめる動作

両手を洗濯機につき脇をしめた状態で、ゆっくりとひじを曲げてキープ

Point
足をつく位置を、洗濯機から遠くするほど強度アップ

二の腕&お腹をほっそりさせる動作

両手を洗濯機につき脇をしめた状態でゆっくりとひじを曲げ、お腹も凹ませてキープ

Point
胸を洗濯機に近づけるように腕立て伏せ動作を何回か行ってからキープするとバストアップにも○

レンジでチンしている間に、必勝小尻メイク

レンジでチン待ちの間に、ご家族にもバレることなく行えるのが、二つのお尻をギュギュギューッと寄せ、二つのお尻をひとつにするようにしめて小尻にする動きです。

このお尻の動きは場所を選ばず誰にも知られることなく行えます。

お腹を凹ませるのと同じくまさに地味な動きですが、お腹の次に効果を早く実感できるのがお尻です。きつかったボトムがゆるゆるになったというお声をよくいただきますので、広がったお尻の形をよくしたい方も、お尻の脂肪を落としたい方も、ぜひ積極的に取り組んでください。

ちなみに、お尻をしめるという筋肉の使い方は普段の生活ですぐには思いつかず、お手洗いを我慢する時にちょっとしめるというぐらいでしょうか。年齢と共にお尻がたるんだ形になっていくのもある意味、自然といえます。だからこそ、自然にまかせずにお尻をしめる動きが有効なのです。

お尻をしめる動作を行うメリットはお尻を小さくするだけではありません。実は、下腹をふくめ腰回りをほっそりさせるのに有効な力なのです。

どういうことかというと、下腹を凹ませた時、押してくる力を後ろ側で受け止める力がないと腰が後ろに引けた出っ尻の状態になってしまいます。

腰が引けてしまうとおかしな体勢ですし、暖簾《のれん》に腕押しでは下腹の力を高めるのも難しくなります。お尻を内側にしめて腰回りを固定する力は、下腹や腰回りをほっそりさせるために役に立つ力なのです。

また、腰痛がある方は、お腹を凹ませる時、そして、普段からお尻をちょっとしめることを意識するだけでも痛みを感じにくくなるはずです。

行い方ですが、横に広がったお尻の形を内側に小さくしたい人は、強くギュギュギューッと思いっ切り内側に寄せて10秒〜30秒キープします。何回か繰り返すほうがベターです。そして、お尻についた脂肪を落としたい場合は、可能な限り長く30秒以上しめ続けます（左ページイラスト上）。

このお尻をしめる動きを足を開いた状態で行うと、ヒップの下部と太ももとお尻の境目のあたりによく効きます（左ページイラスト下）。ヒップ下部よりヒップの上部～腰に効かせたい場合は、足を閉じたまま行いましょう。

なお、手で押すようにさわりながら行ってみると、お尻を内側に寄せてしめているつもりが、柔らかいままで力が入っていないところがあるものです。そういうところに限って脂肪が多いので、力が入るようになるまでは、ご自分の手でお尻を寄せる動きをサポートしてあげると、お尻のしめ方がつかみやすいと思います。

私は、このお尻をひきしめる動作が気に入り生活の中でやりすぎてしまい、妹から「お尻が小学生みたい」と言われ、自粛するようになりました（汗）。

お尻の脂肪が落ちたら困る人は、行いすぎにご注意ください。

レンチンしながら小尻をつくる

背すじを伸ばして足をそろえて立ち、二つのお尻を寄せてしめる

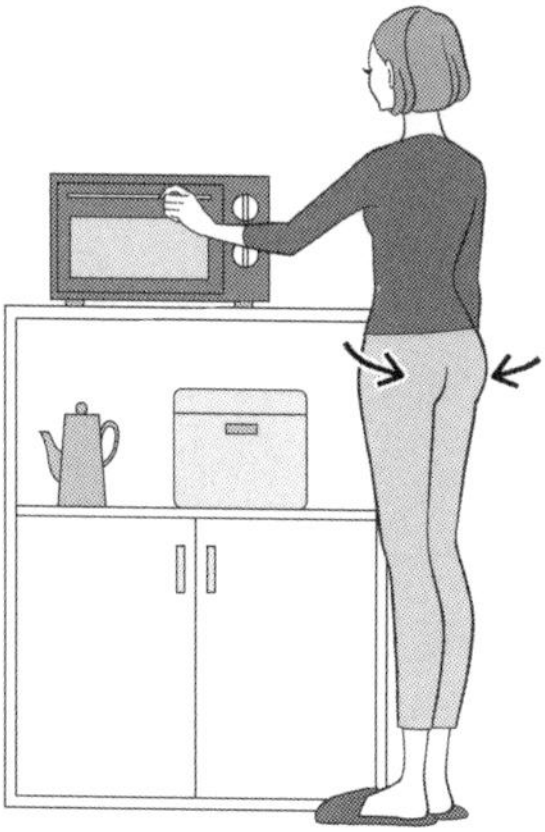

Point
特に気になるところに力が入っているかさわって確認

レンチンしながらお尻と太ももの境目をつくる

足を開いて立ち、お尻の下部を意識しながら二つのお尻を寄せてしめる

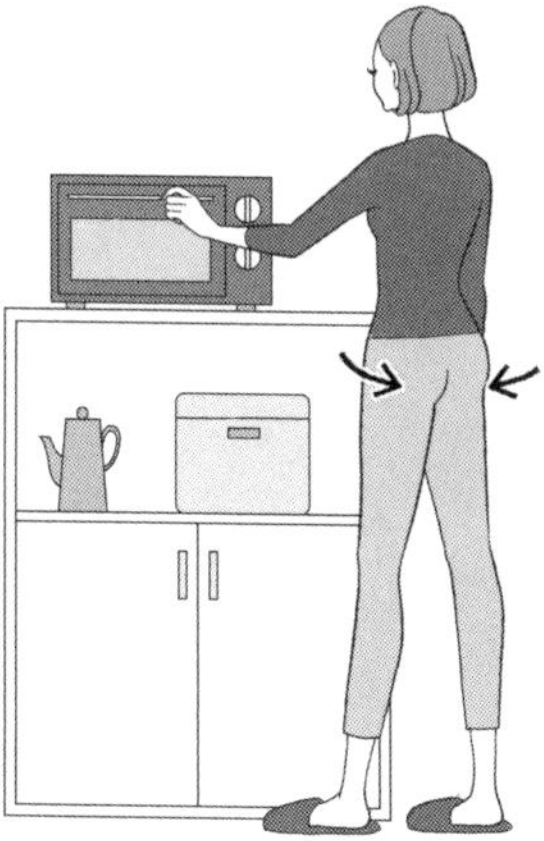

Point
背すじを丸めないように注意

めです。

買い物は女優気分で、背中美人に

買い物をしている時は、背すじを伸ばしておく、ということを意識するのがおすすめです。

重要な背中の使い方で「背すじを伸ばす」と「肩を引く」の二つがあるとお話ししましたが、お買い物をしている最中は「背すじを伸ばす」ことを意識するとメリットが多いのです。

背中よりもお腹を気にしている方が圧倒的に多いと思いますが、背すじを伸ばすだけで腹筋も使われることをあらためて確認してみましょう。

お腹に手をあてて、背すじをしっかりと伸ばしてみてください。

お腹の筋肉が動いたのがわかりましたか？　上半身が伸びてお腹も凹みました。

今度は背中をゆるめてみると……、お腹もゆるむのがわかりますよね。

「背すじを伸ばす」動きでは、背中とお腹の筋肉が連動して使われるのです。

背すじの伸ばし加減で、お腹の使われ具合も変わってきます。さらに、よりしっかり伸ばすことで下腹や腰の筋肉も使われてきます。

背中、お腹、腰といった上半身の脂肪を落としたい人にとって、「背すじを伸ばす」ことは最優先の基本なのですが、自分では背すじを伸ばしているつもりでも、実際には伸びていないということが比較的よくあります。残念ながら実際にちゃんと伸びていないようだと効果が期待できません。

ぜひとも、鏡の前で体を斜めに向けて立ち、ご自分が背すじを伸ばすという動作ができているかチェックをしてください。

まず、普段の姿勢を斜めの向きから見ます。最初の姿勢をしっかり確認しておきましょう。確認したら、次は軽く背すじを伸ばします。

どうですか？　背すじが元の姿勢に比べ、すっと伸びましたか？

そして、さらにこれ以上は無理というくらいしっかりと伸ばしてみましょう。

腕こそ上げていないけれど、48ページで行ったリンゴを取る動きと同じです。

ご自分では伸ばしているつもりでも、あまり代わり映えしないとしたら、背すじを伸ばす力が弱いか、もともと、普段の姿勢がかなり良いかです。背すじを伸ばす力が弱いと肩に力が入りやすいので気をつけてください。

お買い物をしている時に意識的に背すじを伸ばしておくだけで消費カロリーも多くなり、お腹や腰の脂肪を減らしていくことにつながります。

はっきり脂肪が落ちるまでに多少の時間を要しますが、なんといっても即座に見た目が若々しくなるので、やらない手はないと思います。

背中が美しいというと、女優の桃井かおりさんの背中は本当にきれいですね。

美しい背中をつくるのは、けっして根性ではなく、「若く元気で美しくいたい」という意識です。人に会う時は「女優気分」でいきましょう。生活の動作ひとつひとつの積み重ねで、美しい姿勢や所作が身につきます。

買い物中に背中から腰の脂肪を落とす

買い物かごを持つ時は、
意識的に背すじを伸ばす

Point

背すじの伸ばし加減は、
買い物中ずっと伸ばして
いられる程度で

商品を手に取るときも、「あこがれの女優さんならこういう感じ」というイメージで背すじを伸ばす

商品を手に取るとき、背中が丸まっているのはNG

エレベーターで、素知らぬ顔で体幹トレーニング

エレベーターに乗った時などにおすすめしたいのが、壁を利用した基本の姿勢のポジションで、「肩の後ろで壁を押す」という動作です。この動作は肩甲骨を寄せて「肩を引く」力が弱い方に特におすすめです。

41ページで背中の力を使えているかお試しいただいた時、組んでいた手を離したとたんに手が離れてしまった方は、肩を引いて肩甲骨を寄せておく力が使えていないか、弱いと考えられます。エレベーターに限らず、人を待っている時などにぜひ「肩を引く」動作を取り入れましょう（97ページイラスト上）。

これまでお話ししてきているように、私たちの日常生活は前かがみ動作ばかりです。年とともに筋力が衰える中で、肩を引く力を意識的に保たないと姿勢はどんどん悪くなってしまいます。姿勢を改善することは、実は究極の体幹トレーニングという話を思い出してください。

ここまでお話ししてきて肩を引くなんて簡単と思ったかもしれません。

でも、やってみると意外と難しいのです。試しにこの場で基本の姿勢のポジションの位置まで肩を引いてみてください。あなたの肩はすっと動きましたか？

◉肩が動いていない
◉肩は引けているが（引きすぎて）不自然
◉肩は引けているが腕に力が入っている
◉肩を引いているつもりがお腹を突き出している
◉肩を引いているつもりが肩が上がっている

など、肩を引いたとたんに、何やら奇妙な姿勢で怪しい格好になってしまうことがとてもよくあります。

私の講座でも、「背すじを伸ばす」練習をした後に、この「肩を引く」という動きができるまで繰り返し練習します。その際、最初に私が見本として、意識的に肩を引いた姿勢と、背すじだけ伸ばして肩は引いていない姿勢を比較してお見せするのですが、肩をほんの5センチ程度後ろに引くだけで、見た目の若さが格段にグレードアップすることを目の当たりにすると、俄然《がぜん》やる気になっていただけます。

お風呂に入る前にでも、鏡を見ながら「自然に肩を引く」という動作をやってみてください。バストアップするのも一目瞭然なので、できれば半裸がベストです（笑）。

「肩を引く」という動作のメリットは、見た目だけではありません。肩を引いた状態で意識的に大きくお腹を凹ませることで、使いにくい下腹にも効かせることができます。要するに、肩を引いて凹ませるほうがお腹をほっそりさせる効果が高いのです。

肩の動きが悪いようでしたら、左ページイラスト下のようにひじで壁を押しながら肩を引いてみてください。

肩を引く力を強め、若返り&お腹やせする動作

エレベーターの壁際に立って、肩で壁を押す。慣れてきたら、同時にお腹も大きく凹ませる

Point

肩で壁を押しても、腕には力が入らないように注意

初歩的な練習方法

エレベーターの壁際に立って、ひじで壁を押しながら肩を引く

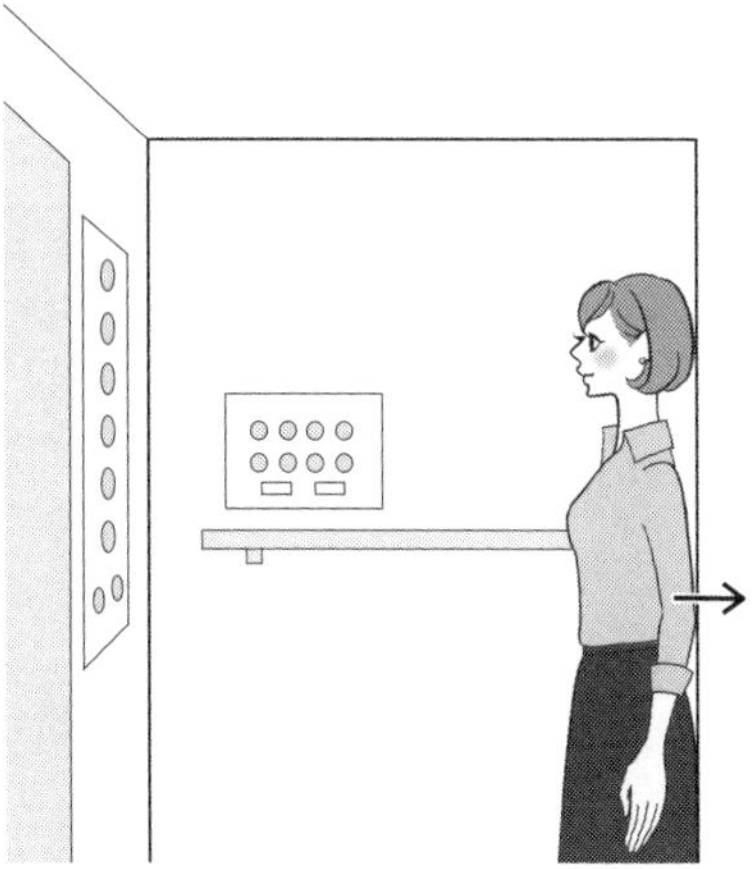

Point

肩が上がらないように注意

スマホタイムにお腹ほっそり

一日の中でスマホを操作している時間は意外と長いもの。スマホをいじりながらお腹を凹ませていても誰も気づきません。「歩きスマホ」は危ないとして、「お腹やせスマホ」はとってもおすすめです。

これまで「背すじを伸ばす」「肩を引く」という動きについて、動作の意味と効果について個々に解説してきたのは急がば回れで、まずはひとつひとつの動きができないようだとかえって成果を出しにくくなってしまうからです。

あなたが一番気になるのがお腹なら、「背すじを伸ばす」「肩を軽く引く」「お腹を凹ませる」、これら三つを同時に行うのがもっとも効果的ということを覚えておいてください。

スマホを操作している時は、この背中とお腹の筋肉を連動して同時に使いこなす練習のつもりで、姿勢を意識しつつお腹を凹ませてみましょう。

スマホの持ち方にはコツがあります。

まず、スマホを持っている二の腕をぴったりと体につけ、前のめりでのぞき込まなくてすむよう、スマホは顔の前〜首の前あたりの位置で持ちましょう。同じ位置で固まっていると疲れるので、スマホを持つ位置を低めにしたり、高めにしたり、調整するようにしてみてください。これだけで、首や肩の疲れもかなりたまりにくくなります。

座っている時には、椅子には浅めに腰掛けるのがベターです。

ただし、電車内等の状況やお疲れ具合によって背もたれを使ってもよいのです。背もたれに背中をぴったりつけるような形で背すじをまっすぐにしておきましょう。背すじを丸めて頭が前に出るほど、首や背中に負担がかかり疲れます。疲れを感じていてはお腹を凹ませようという気持ちになれなくても無理はありませんので、とにかく背もたれに上手に頼って、丸まった前のめりの姿勢を避けるように気をつけます。

その時々の状況や気分で、お腹を凹ませるのか、背すじを伸ばすのか、肩も軽く引くのか、臨機応変に行いましょう（左ページイラスト参照）。スマホを持ちながら肩を引くのが難しく感じる場合は、前肩にならない程度の引き方で行ってみてください。背すじの伸ばし加減やお腹の凹ませ加減など、力の加減もコントロールできるようになったら達人の域です。

その動作をすることにどんなメリットがあるのかを理解した上で、それまで行っていなかった動作を生活の中に取り入れる。そうして、使っていなかった筋肉が使われる。結果、体形が変わる。

この流れを理解しておけば、生活のいろいろなシーンでの応用が可能です。

お腹の凹ませ方は、できるだけ大きく凹ませて10秒～30秒。脂肪を落としたい場合は、小さめでよいので凹ませ続けましょう。疲れたらおしまいにしてもいいし、元気な時は何回か繰り返すとよいです。

スマホしながらお腹やせ

・立っている時

脇をしめてスマホを持ち、背すじを伸ばし肩を引いてお腹を凹ませる。スマホはできるだけ目の前に近い位置で操作する

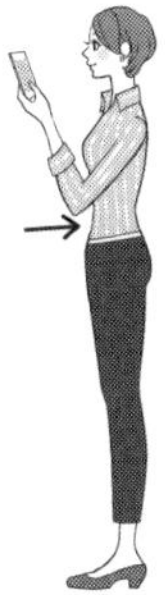

Point

お腹をいくら大きく凹ませても、背中を丸めてしまうのはNG

・椅子に浅く座っている時

脇をしめてスマホを持ち、背すじを伸ばし肩を引いてお腹を凹ませる。スマホはできるだけ目の前に近い位置で操作する

Point

骨盤を立てて姿勢よく座る

・椅子に深く座っている時

背もたれにもたれ、肩を引いてお腹を凹ませる。スマホはできるだけ目の前に近い位置で操作する

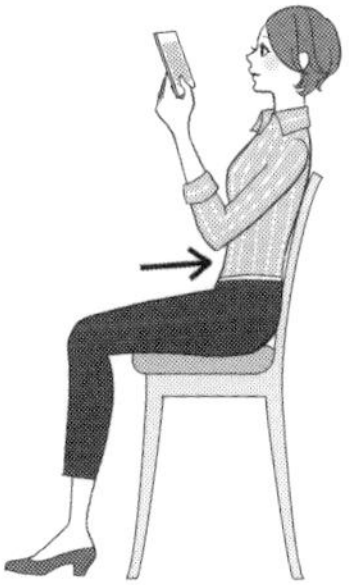

Point

背もたれを使っているので、そのぶんお腹を意識する

階段の上り下りは、下半身やせのゴールデンタイム

階段の上り方をちょっと変えるだけで、お腹、ヒップ、ふくらはぎと、気になるところに効かせることができます。私は基本的にエスカレーターを使いません。「わざわざジムで運動するよりお得♪」、そんな損得勘定からです。

いやいや階段を使うと疲れるし、と思われた方も安心してください。階段を使っても疲れを最小限にするコツをお教えします。

階段の上り下り動作を楽にするポイントは「背すじを軽く伸ばす」です。伸ばすと言ってもぐーっと伸ばすというよりも、軽ーく伸ばします。「丸めないよう、まっすぐにしておく」感じです。これを意識するだけで、階段を上るという動作はかなり楽になります。

私が、１３６５段の階段で有名な四国の金毘羅様にお参りに行った時のことですが、ほとんどの方がお疲れから背中を丸めていて、私は疲れない階段の上り下りのコツを教えてあげたくてうずうずしっぱなしでした。

杖を使う場合も杖は体重を支えるためでなく、背すじを伸ばしておく手助けとして使うほうが圧倒的に疲れないのです。

さて、背中を丸めない基本をふまえた上で、お腹をほっそりさせたい人は、「お腹を凹ませる」ことを意識します（１０５ページイラスト上）。凹ませておく時間は基本通りに「強く」または「長く」です。階段の長さに合わせて行うのもよいと思います。

ひざが弱い方は手すりを使うほうが安心として、手すりを使いながらでもお腹を凹ませてあげることで腰やひざにかかる負担をかなり小さくできます。

やってみていただくと、その場で痛みが和らぐことを実感できると思いますので、ぜひお試しください。

ヒップ下部のたるみが気になっている人は、階段を上る時につま先を上げて、かかとから先に足をつき、かかとに体重をかけるようにして段差を上がると効果的です（左ページイラスト下）。

ヒップ下部が使われている感覚がわかりにくい方は、家の中のどこか段差のあるところにかかとをつき体重をかけてみてください。太もも裏側から特にヒップの下部が伸ばされているのがわかりますが、ここに力をかけながら上るのです。階段をかかとだけで上るくらいにイメージします。

私は人の目がない時は、かかとに体重をかけながら階段を1段とばしで上がります。先日、駅の階段を懸命に2段とばしで上っている年配の男性を見かけました。「おー、2段も！　素晴らしい～」と、思わず拍手したくなりました。

今、目の前にある階段を使ってとりあえずお腹やせ＆ヒップアップ。そんな積み重ねで一生、自分の足で階段を上り下りする力を保っていきませんか？

階段を使ってお腹ほっそり

階段を上り下りする時は、
お腹をキュッと凹ませる

Point

お腹を凹ませても、背中は丸めないように注意

階段を上りながらヒップアップ

足をかかとからつき、常にかかとに体重をかけながら上る

Point

高いヒール等の安定の悪い靴では危ないので行わない

電車の中で、太ももと二の腕をひきしめる

電車に乗っている時は基本的に暇ですし、動作を工夫するのにはかなりおすすめのタイミングです。本書で紹介している他の動作も電車の中でも行えるものが多くあります。何をするかはあなたの目的に合ったものにするとして、ここでは「内もも」と「二の腕の裏側」をひきしめる動作を紹介しておきましょう。

まず、内ももですが、内ももをどう使うかというと、2本のももとももを1本にするように寄せてしめます。立っていても座っていてもできますが、ももの内側にキュッと力は入りますか？

うーん？　という人は、内ももと内ももの間に手のひら又は握りこぶしを入れて、その手を挟んで離さないように二本の足でしめつけてみてください。

もう一方の手で内ももをさわって硬くなっていたらＯＫ。ぷにょぷにょのまま力が

入らない人は筋肉を使えていません。太ももの外側だけが力み内側に力が入らないことも珍しくありませんが、使えていないから内ももに脂肪がつくのだと思って力を入れる感覚をつかんでいきましょう。内ももをしめるという力は足で何かを挟んだり、切羽詰まっておしっこを我慢する時に使います。

お腹を凹ませてしめる、お尻をしめる、尿道をしめる、ももをしめる、といった「しめる」動作は、地味な動きで人からはわかりませんが、ダイエットのためだけでなく尿もれの予防にもとても大事な力の使い方なのです。年とともにゆるんでしまいやすい筋肉は、意識的に「しめる」ことで衰えを防げますし、使うことでしまります。

ひきしめる時は強くしめて10秒～30秒、脂肪を落とす時は30秒以上しめ続けます（109ページイラスト上）。何回か繰り返してもいいし、一回やったら、次はお腹を凹ませようとか、やり方は自由です。歯を食いしばっていたりすると見た目が怪しいので、慣れるまでは寝たフリをしてうつむいて行うといいでしょう。

次につり革を使って二の腕の後ろ側をひきしめる動作です。

85ページで、手を洗濯機について二の腕の後ろ側に効かせる動作を紹介しましたが、覚えていますか？　電車の中では、自分の体重をつり革にかけて二の腕を刺激します。

具体的には、手の甲を自分に見えるように順手で持ち、手で握っているつり革の輪っか部分を体からできるだけ離れるようにぐーっと前に押します（左ページイラスト下）。さりげなくもう一方の手で、押しているほうの二の腕の後ろ側をさわってみて、プヨプヨの脂肪の奥のほうがキュッと硬くなっていたらＯＫです。

私は電車が揺れたときに動きに合わせてつり革押しを行ったり、近くに設置されている銀色の握り棒を必要以上に押したりします。支えるのと似ていますが、「押す」ことでも二の腕の後ろ側を使えるのです。右利きの人は、たるみやすい左腕を多めに行うのがおすすめです。

太ももの内側をひきしめ、ほっそりさせる動作

座っている時に、２本の太ももの間に何かを挟んで押しつぶすくらいのイメージで太ももの内側と内側で押し合う

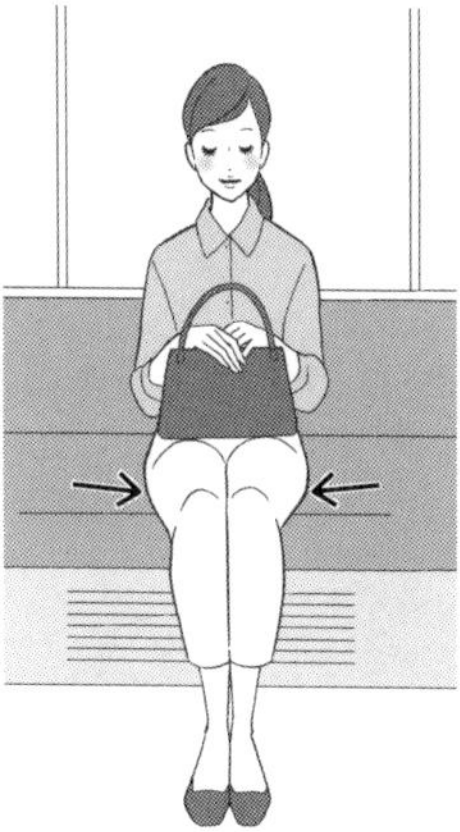

Point

立っている時でもできる

二の腕をひきしめる、つり革の持ち方

手の甲を自分の側に向けてつり革を握り、腕を伸ばしながらつり革を遠くに向かって押す

Point

手首やひじに痛みを感じる人は行わない

自転車でほっそり足をつくる

自転車も乗り方ひとつでいろいろな効果を出すことができます。

お腹、太ももの裏側〜ヒップ、足首に効かせる動作を紹介します。外で乗る自転車とスポーツジムにある「エアロバイク」という自転車がありますが、特定の効果を狙った自転車の乗り方は同じです。


まずは、お腹です。

基本の動きはお腹を「凹ませる」ですが、上半身の傾け方によって、お腹にかける負荷を調整できます。

たとえば、いわゆる「ママチャリ」といわれるママさん自転車でも、上半身を直立させて乗るのと上半身を前に倒した前傾姿勢で乗るのとでは、前傾するほうが重力の関係でお腹への負荷は大きくなります。

どのくらいの時間行うかによって、上半身をどのくらい傾けるのかを調整してください。上半身の傾け方にかかわらず、背中を丸めない乗り方をすることがお腹やせ効果を上げるための大事なポイントです（113ページイラスト上）。

スポーツクラブでは、ハンドルを抱え込むように背中を丸めて上半身を倒し、ものすごいスピードでエアロバイクをこいでいる人を見かけますが、そのようなこぎ方ですと、お腹や足をほっそりさせるというより心肺機能を強化する効果のほうが大きくなります。エアロバイクでは負荷を大きくしすぎると、足は逆に太くなりかねませんので注意してください。

さて次は太ももの裏側～ヒップです。

太ももの裏側からヒップに効かせるには、かかとに力をかけてペダルをこぎます（113ページイラストまん中）。これは階段を上る時にかかとに体重をかけるのと同じ使い方で、ペダルをかかとで押すようなイメージです。なおヒールが地面にあたると危険ですので、ヒールのある靴を履いている時には背すじやお腹を意識しましょう。

最後に足首です。

自転車を足代わりに使っていると歩く動作は少なくなり、足首を動かす回数や動かす範囲も小さくなります。動かさないことで、足首が硬くなり、さらに足首のメリハリがなくなりやすくなります。足首の使い方に関する解説は「体形と人生が変わる歩き方」（114ページ）で解説するとして、ここでは足首をキュッとしめたい人向けの自転車の乗り方を紹介しておきます。

ペダルを上に引き上げる時につま先を上げ、ペダルを押し下ろす時につま先を下に向けます。足首をできるだけ大きく動かしましょう（左ページイラスト下）。

足首はなかなかしまりにくいところですが、足首の動きが悪いと転びやすくもなります。自転車の乗り方を工夫して、まずは足首の動きをよくすることを意識してください。

お腹を凹ませる自転車のこぎ方

背すじを伸ばして、お腹を凹ませながら自転車をこぐ

Point
上半身を前に倒すほど、お腹凹ませの強度はアップ

ヒップ〜太もも裏側をすっきりさせるこぎ方

ペダルを下に下ろす時は、かかとだけで押すようにして自転車をこぐ

Point
上半身を前に倒すほうが意識しやすい

足首をほっそりさせるこぎ方

ペダルを上に引き上げる時はつま先を上に、ペダルを押し下ろす時に、つま先を下にと足首を動かしながら自転車をこぐ

Point
足首をできるだけ大きく動かすことを意識する

体形と人生が変わる歩き方

あまり議論されたりすることはありませんが、正しい歩き方というのは、ライフスタイルや目的によって変わります。

食事もままならないほど貧しい時代に、背すじを意識的に伸ばすなんて体力の無駄遣いですし、草履《ぞうり》や下駄《げた》で大股歩きをするには無理があります。目的によっておすすめの歩き方は変わります。たとえば、疲れにくい歩き方と基礎的な体力を維持するための歩き方は違ってくるわけです。

私がこれからおすすめするのは、下腹、ヒップ、二の腕、足首と狙った部分の脂肪を落としながら、若い体づくりができる歩き方です。筋肉をよりしっかり使うことで本来の筋力を取り戻し、またわざわざ時間をつくって歩かなくても消費エネルギーを増やすことができます。

便利で体を使わない生活に流されてしまうと、どうしても基礎的な体力の衰えも大きくなります。歩き方が変われば結果的に体形も変わるので、何らかの運動を苦労しながら続けようとするよりも合理的です。

体形の悩みをきっかけに、ぜひご自身の歩き方を見直してみませんか?

歩く動作は生きる上で基本ですから、何歳からでも遅いということはありません。普段から歩く歩数が少ない方でも、歩き方の質を高めれば変われるのです。

どのように使えばどのように効くのかを理解すれば、あとは実践あるのみです。思い通りに体を使って歩けるようになることを目指してください。

私自身、母が病気をきっかけに歩くことがままならなくなる現実を経験し、歩けるということがいかに幸せなことかを再認識しました。本書の中には、私の母が寝たきりになる危機を乗り越える中で行った基礎的な動作も多数紹介しています。すぐにはできなくても歩くことの本質を見据え、長い目で取り組んでいただければと思います。

最初は「下腹の脂肪を燃やす歩き方」です。

下腹の脂肪を落とすには、背伸びをするように腰の位置を高く保ち、意識的に「目線を高く」して歩きます（左ページイラスト上）。そこから下腹をキュッと凹ませて歩ければ完璧です。これは48ページで解説した高いところにあるリンゴを取る時の下腹の使い方を、手を上に伸ばさずに「歩きながら」行おうとしていると思ってください。

私のお腹やせの本を読まれた方から、ウエストがかなり細くなったら下腹が太って見え、どうしたらよいか、というご質問をいただいたことがあります。使えていないところは凹まないし、脂肪も落ちませんので、歩きながらにとらわれずに生活のいろいろなシーンで下腹を意識的に使うのが解決策です。

下腹をうまく凹ませることができない方はまず、66ページの洗顔動作をお試しください。また、歩かずに立って行う初歩的な練習方法も左ページ下に紹介しておきます。

いつでもどこでも下腹を自由自在に使えるようになった頃には、あなたの下腹はかかな

下腹の脂肪を燃やす歩き方

目線はできるだけ高く保ち、下腹をキュッと凹ませたまま歩く

Point

腰をそらさないように注意

初歩的な練習方法

43ページの基本の姿勢のポジションで、腰を壁に押しつけるように下腹を凹ませる

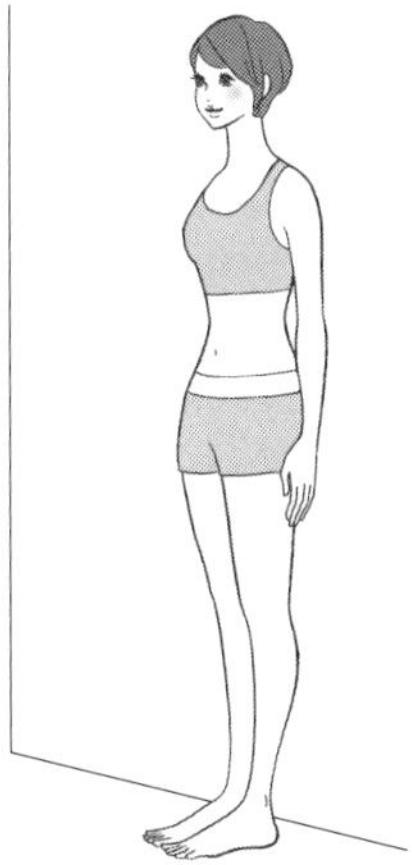

Point

壁を使わなくてもOKだが、長めに行うことを目指す

りすっきりしているはずです。

二つめに「ヒップアップしながらお尻の脂肪を燃やす歩き方」です。

51ページで、後ろ足を伸ばして床を押すとヒップにキュッと力が入って持ち上がるのを体験していただきましたが、歩く時に後ろ足を最後に伸ばし切って地面を押すことで、太ももの裏側からヒップの筋肉をしっかり使えます。基本は、「後ろ足を伸ばして」歩くことだと思ってください。後ろ足を伸ばし切らなくてもとりあえず普通に歩くことはできますが、それだとお尻の筋肉はたいして使われませんし、力強く地面を押せなくなると歩くための基礎筋力も衰えていきます。最初はたとえ10歩でもかまわないので、意識するところからはじめてみましょう（左ページイラスト上）。

ところで、太ももの前をほっそりさせたい場合は、どんな使い方か覚えていますか？70ページでお話ししたように、「前足を伸ばして」歩くことでした。大股歩きをするのもよいです。背すじを伸ばさずに大股歩きをすると股関節や腰に負担をかけてしま

ヒップアップしながら、お尻の脂肪を落とす歩き方

後ろ足を最後に伸ばし切って、お尻にキュッと力を入れながら歩く

初歩的な練習方法

まずは、51ページのヒップアップの動きを覚える

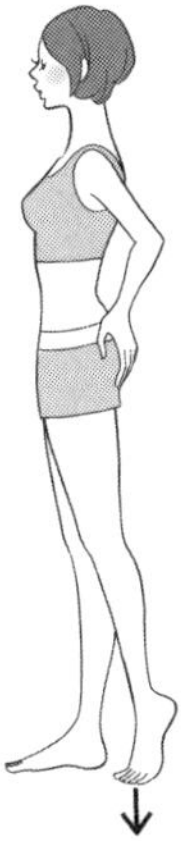

Point
前のめりにならないように注意

うことがありますのでお気をつけください。

三つめは、「二の腕の脂肪を落とす歩き方」です。実は有効なのが「肩を引く」動きです。実際にさわって感じていただきましょう。

二の腕の後ろ側をもう一方の腕を後ろから回してさわります。しっかりさわりにくいかもしれませんが、指先でつつく感じでOKです。

そうしたら、肩をゆっくりと軽く後ろに引いてみましょう。さわっている二の腕の後ろ側にキュッと力が入って硬くなったのがわかりましたか?

筋肉は主役として働く場合と補佐的に助けるように働く場合があるのですが、肩を引くのに補佐的に使われるのが二の腕の後ろ側の筋肉です。二の腕の後ろ側は普段の生活の中で使う機会があまりないことを考えると、肩を軽く引いておく動作を意識的に取り入れるのは脂肪を燃やすのに賢い使い方となります(左ページイラスト上)。

最後は足首とふくらはぎです。実はここが形を変えたり脂肪を落としたりするのが

二の腕の脂肪を落とす歩き方

背すじを伸ばし、肩を意識的に軽く引いて歩く

Point

背すじが伸びていないと肩もうまく引けないので注意

初歩的な練習方法

歩く時以外にも、肩を引く動作を取り入れて練習する

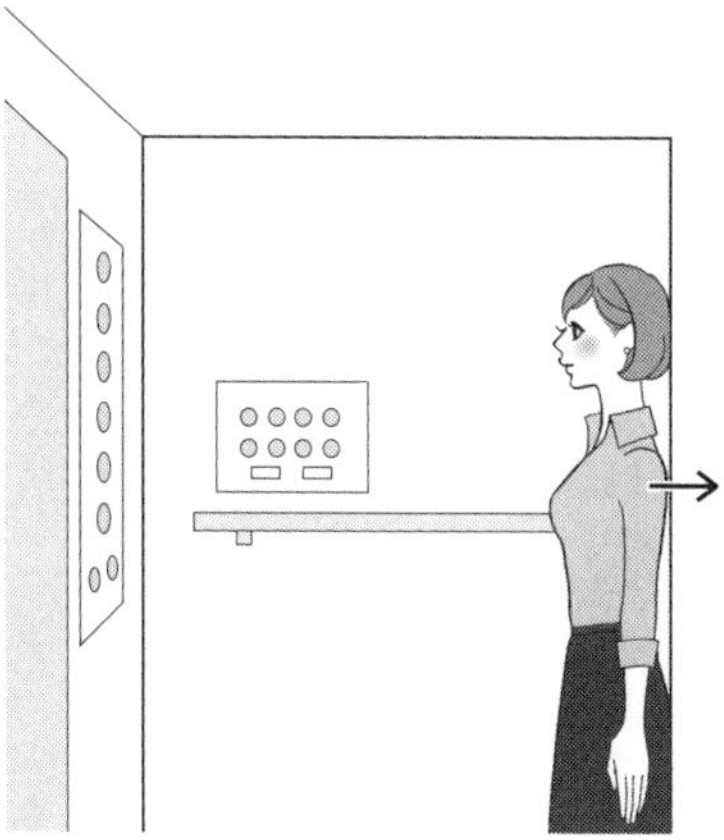

Point

肩を引く動作は、壁を使わなくても OK だが、少しずつ長めに行うとよい

一番難しい部位と言えます。正直、脂肪を落とさずに細くするだけなら、ふくらはぎのむくみをとるマッサージをおすすめしたいくらいです。

なぜ、そんなにほっそりさせにくいかというと、足首とふくらはぎは体重を支えたり歩いたりして普段から使っているからで、ちょっとやそっとの刺激では変わりにくく、「もっとしっかり使う」ということのハードルが高いのです。

さらに足首とふくらはぎは、持って生まれた遺伝的な特徴が大きいところでもあります。お腹やお尻は、やり方次第でそれこそ別人のように変わりますが、足首からふくらはぎは、なかなかそうはいきません。

細くするのはなかなか難しいとして、足首からふくらはぎをしっかり使えなくなることは、歩く力の衰えにつながります。足首からふくらはぎがどのように使われるのか確認しておきましょう。

まず、座ったまま片足のつま先をご自分の体に引き寄せるようにできるだけ高く上げてみます。この時、主にすねの筋肉が使われます。転倒予防に特に大切な筋肉です。

足首とふくらはぎを細くする動作

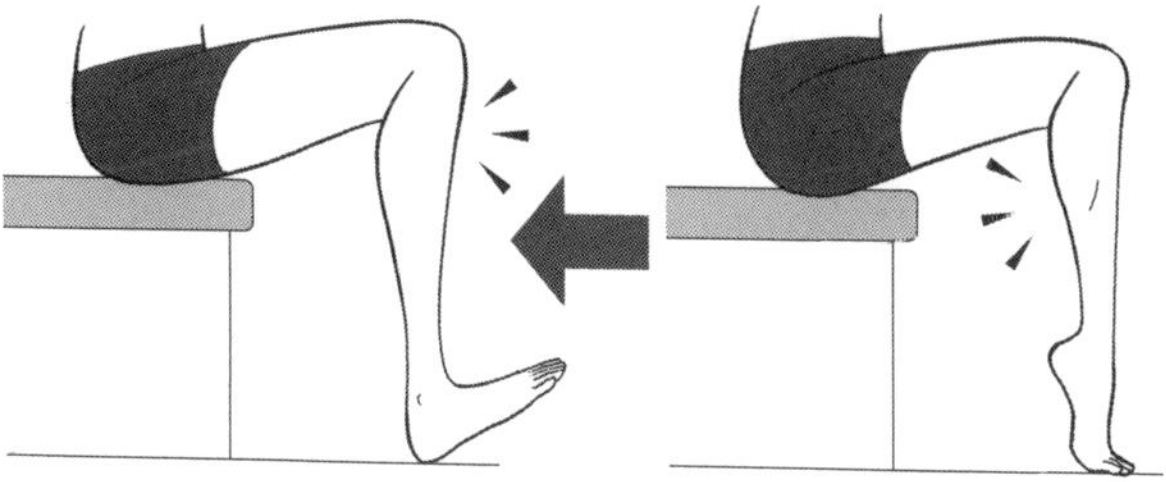

次に、つま先立ちの動きをできるだけ大きく行ってみましょう。この時、主にふくらはぎの筋肉が使われます。

ふくらはぎをじーっと見ていていただくと、ふくらはぎの筋肉が少し上方向に盛り上がって力が入っているのがわかりましたか？

座った状態では体重がかかっていませんが、実際の生活の中では、いずれも体重を支えながら足首を動かす時に使われます。足首を動かして歩けなくなるほど、歩き方は「すり足」になります。

足首をしっかり動かすことは、太ももを大きな足運びで動かすためにも必要で、しっかり大きく動かすことで足首の柔軟性も保てます。足首の動きの良し悪しは、転倒のしやすさに直結しますので、最近、転びやすいわぁ……という方は足首の動きを意識してみてください。

足首とふくらはぎをひきしめたい人の歩き方ですが、前足のつま先を高く持ち上げて着地し、後ろ足は最後につま先の裏で地面をペロンとなめるようにスナップを利かせて歩きましょう（左ページイラスト上）。つま先をつく時は、前にいる人に足の裏をしっかり見せるように、後ろ足は後ろにいる人に足の裏をしっかりと見せるつもりで歩きます。慣れるまでは変な歩き方になりやすいので、家の中や人目のない道を歩く時に少しずつ練習するとよいでしょう。どうしても難しく感じるようでしたら、基本は大股歩きをすればOKと考えてもらって結構です。

ここまで説明を読んできて、いろいろとやりたくなったかもしれませんが、歩きながら、下腹、お尻、二の腕も！　といきなりあちこちを意識はできません。ともかくは、もっとも気になる部位に絞って意識していきましょう。

ふくらはぎ〜足首をひきしめる歩き方

つま先をしっかり上げて着地、最後はつま先を伸ばし、スナップを利かせて歩く

Point

足首をできるだけ大きく動かすつもりで

初歩的な練習方法

片足で立ち、もう一方の足のつま先をできるだけ高く上げた状態でキープ

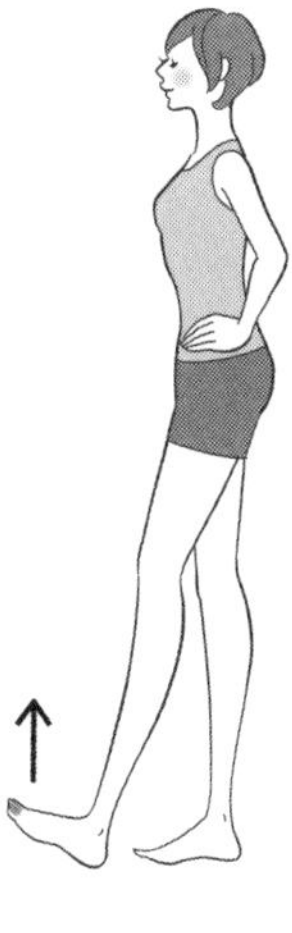

Point

座っている時に行うのもアリ！

信号待ちで代謝アップ！　脂肪を燃やす！

信号待ちなどのちょっとした時間におすすめなのが、基本の姿勢で全身を内側にギューーッとしめる動きです。わずか30秒で、「うわ～」というくらい代謝が上がる体感ができて、ご自分の気になるところを狙い撃ちにして脂肪を落とすことも可能です。

私は体を動かす以前に「しめる」という力を重視しているのですが、それは、しめる力が強いか弱いかがスタイルや体の元気度に大きくかかわっているからです。

お腹を凹ませる力ひとつとっても、まったく凹まない人や大きく凹むけど長くは凹ませておけない人がいます。筋肉をどの程度使いこなせるようになるかが、お腹を変えられるかどうかの勝負になります。

筋肉を使いこなすという意味で私がすごいと思ったのが、タレントの江頭2：50さんです。何がすごいかというと、江頭2：50さんはいろんな体勢で、体をビクッビクッビクッと、全身が痙攣《けいれん》しているような動きをされるのです。ご覧になったことはあるでしょうか。

水揚げされたマグロ？　の物まねなのか、笑いを誘っていましたが、あの動きができるということは全身の筋肉をコントロールする力が尋常ではありません。江頭さんの食生活は存じ上げませんが、無駄な脂肪がまったく見当たらない中年らしからぬ筋肉質な体形と、あの筋肉のコントロールのすごさは無関係ではないと思います。目指せ江頭2：50さん！　とは言いませんが、これから行う動きは、しめすぎて全身がぶるぶると震えるくらいに力を入れられるようになることを最終的に目指してください。

やり方ですが、まず、もうこれ以上は無理というところまで背すじを伸ばしたら、肩を軽く引き、そこからお腹を下腹まで、限界まで凹ませます。

そして、お尻から腰回りをギューッとしめながら、太ももをひとつにまとめるようにしめ、ふくらはぎ同士を近づけるようにしめます。そうして、最大限に体全体を一本にしめ上げた状態をキープ。ご自分の一番気になる箇所を中心に意識を集中してしめ続けます（左ページイラスト）。

この動きを一回30秒、朝夕で合わせて一日に1分行ったとします。一日わずか1分でも、一か月で30分。10年なら、なんと60時間にもなります。何かの運動をこれからの10年で60時間も行いましょうと言われたらなんだか気持ちが折れてしまいそうですが、信号待ちや人待ち、電車待ちのちょっとした時間で30秒なら簡単に見つけられることでしょう。

若い頃と比べて代謝が落ちてやせにくくなったなあ……、そんなふうに感じている方はこの「全身を1本にしめる」動きをぜひ取り入れてみてください。ちなみに私は、上半身が今以上にやせたら困るので、下半身だけしめるようにしています。また、この動作のおかげでひどいO脚がよくなりました。

先ほどは筋肉の使い方を順番に説明しましたが、慣れたら同時にいっぺんに行います。そして、ぶるぶると全身が震えるくらいに力を入れられるようになることを目指しつつ、人目のあるところで行う時には、あくまで涼しい顔で行ってください。

信号待ちをしながら 全身のスタイルをよくする動作

基本の姿勢のポジションを崩さずに、全身が一本の柱になったようなイメージで内側に強くしめる。一回あたり 30 秒程度行う

Point

自分の気になるところをもっとも強く意識してしめる。O 脚を改善したい人にもおすすめ

荷物の持ち方を変えて、二の腕ほっそり

荷物の持ち方を工夫するだけで二の腕の後ろ側をひきしめることができます。

二の腕の前側は、腕を曲げる動作で使われ、後ろ側は腕を伸ばす動作で使われます。前側に比べ後ろ側の筋肉をしっかり使う動作はなかなかありません。

そのため、筋肉がたるみ、脂肪もたまりやすいわけです。この二の腕の後ろ側をなんとかしたいとして、たるみをひきしめる場合は少し強めに負荷をかけます。やっぱり脂肪を落としたい！　という場合は、できるだけ長く、またはこまめに二の腕を使っていきます。

できるようになってきたからと負荷をどんどん大きくしないほうがよいでしょう。腕が太くなることを望むのならよいのですが、女性でも筋肉がつきやすい人だと、がんばりすぎると二の腕が太くなることがあるからです。

望まない結果という意味で少し脱線しますが、美容外科で行われている「脂肪融解

注射」についてお話ししておきます。

脂肪吸引せずとも二の腕を細くできると宣伝される脂肪融解注射ですが、「二の腕が細くならない」「ふくらはぎに100万円もかけたのに代わり映えしない」といった声が私のホームページ（191ページ参照）に届くことがあり気になっていました。この注射、どうやらお金をかけても望むほどの結果が得られない可能性が高いようです。

あごのように狭い部位であれば何回も繰り返し脂肪融解注射を打つことで「少しは」すっきりさせられるようなのですが、二の腕やお腹、太ももなどの広めの部位の脂肪を落とすのはそもそも難しいそうです。

美容整形で悩みが解決すれば気持ちが明るくなると思いますし、すべての施術を否定はしません。しかし、トラブルが起きているという現実があります。薬品を体に注射することにはリスクもありますので、どうかしっかりと情報収集を行った上で判断をなさってください。

話を戻しましょう。

行い方ですが、脇をしめて体よりも後ろで荷物を持つようにします。腕は伸ばすのを基本として、ひじを軽く曲げて荷物を持つのもありです。

二の腕の後ろ側のしまりをよくしたい、腕の太さは現状のままで良いという場合は、荷物を持つ位置を高めに、もしくは少し重めの荷物を持ちましょう（左ページイラスト上）。

二の腕の後ろ側の脂肪を落としたい場合は、肩を軽く引いた程度の低めの位置で軽めの荷物を長めに持ち続けます（左ページイラスト下）。

とりあえず片一方の腕だけ行って、行った直後に左右の二の腕の後ろ側をさわって比べてみてください。行った側の腕のしまりがよくなっているのがわかると思います。根性は出さず疲れたらおしまいでOK。肩を上げないように気をつけてください。

歩き方として紹介していますが、人を待っている時や電車の中で行うのもおすすめですよ。

二の腕の後ろ側にハリを出す持ち方

脇をしめて、荷物を体より後ろで持つ。10秒～30秒キープ

Point
荷物は重め、または腕の位置を高めにする

二の腕の脂肪を落とす持ち方

脇をしめて、荷物を体より後ろで持つ。30秒以上キープ

Point
荷物は軽めで、腕の位置はかなり低めでOK

トイレの中で太もも＆二の腕ほっそり

トイレの中は密室です。ある意味なんでもありでしょう！　ここではトイレ限定の動作で、太ももの前側と二の腕の後ろ側をひきしめる動きを紹介します。

まず、太ももの前側ですが、洋式トイレの中で両足を上げて太ももの前側をひきしめます。ちょっと人には見せられませんが、特にどんな方におすすめかというと、ひざが弱い方、そして、お通じがスムーズでない方です。

やり方ですが、洋式トイレに座ったら両足を持ち上げます（137ページイラスト上）。足をどのくらい高く上げるかは、ご自身の目的によって調整しましょう。ひきしめ効果を重視するなら高めに、ひざが弱い方はあくまでひざに痛みを感じないところで行います。そして、スムーズなお通じを重視したい方は力まずとも便がするっと出やすい足の高さを探してみてください。便通優先であれば足はしっかり伸ばさなくてもかまいません。

太ももの前側の筋肉が衰えて足が上がらなくなると転びやすくなるので、転倒予防効果もあります。普段、ひざを曲げる動作で痛みを感じやすい方も、この動きからはじめてみるとよいです。

あまり時間にはこだわらずに気軽に行いましょう。


トイレ限定動作の二つめは、両手でトイレの壁を押して二の腕の後ろ側をひきしめる動作です（137ページイラスト下）。

あなたのそばに壁があったら、手のひらを壁にあててグーッと押してみてください。その時、二の腕の後ろ側をさわってみると力が入って硬くなっているのがわかるはずです。

トイレの広さによって腕の伸び具合が変わってくると思いますが、ともかくは押せればよし、です。手をつく位置は肩よりも高くならないように気をつけてください。

なぜ、肩より高くないほうがよいかというと、肩より高いと二の腕の後ろ側よりも肩の筋肉を使う割合が大きくなってしまうからです。

基本は、洋式トイレの中にいて両手で壁を押し続ける。たったこれだけですが、日々の積み重ねはバカにできません。特に二の腕の後ろ側を使う機会は少ないので、気になる方は一日1回はおやりになるとよいでしょう。

さて、二の腕もひきしめたいけれど、便通もよくしたい！ そんな方には、ラマーズ法の「ひっひっふぅー」というテンポをイメージしながら壁を押してお腹に力を入れます。

この時のお腹の状態ですが、さわってみてお腹がぐっと硬くなって力が入っていればOKです。ただし、お腹に力を入れる＝凹ませる、ではないので、この動作ではお腹は凹みはしません。（187ページのQ＆Aで解説） 実際にトイレの中で行う時は、ひっひっふぅーと変な声を出してしまわないようにご注意ください。

トイレで太ももの前側をひきしめる

両足を上げて、力みなく便の出がよい体勢を探してキープ

Point
足は開いていてもOK

トイレで二の腕の後ろ側をひきしめる

お腹に力を入れながら、両手でトイレの個室の壁を押す

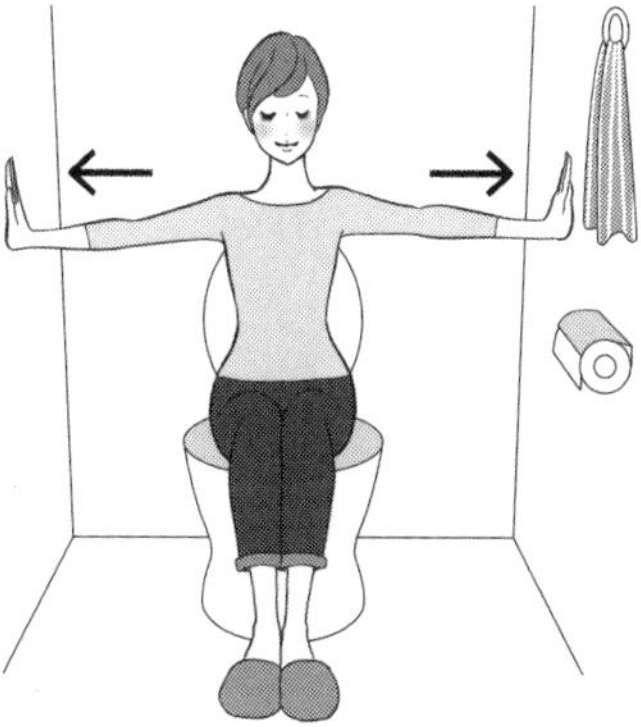

Point
壁に手をつく位置は、肩よりも高くならない位置で

テレビを見ながら、理想のお腹をつくる

テレビを見ながら行うのにおすすめのお腹凹ませ動作を三つ紹介します。

お腹を凹ませることをドローインといいますが、実はお腹の凹ませ方も目的によって効果的な凹ませ方が違います。ダイエットにもっとも効果的なドローインの基本として、以下のNGを覚えておいてください。

◉呼吸を止めたり、呼吸に合わせて凹ませるのはNG。
◉背中を丸めるのはNG
◉肩に力が入っているのはNG

これらは、私が長年指導をしてきた中で、効果が出にくい人の特徴を分析してNGとしてまとめたものです。要するにダイエット効果が落ちるのです。

ただし、もっとも効果的なやり方じゃないと行う意味がまったくないかというとそうではありません。そもそも基本通りに行いたくても、できないということもあるでしょう。また、ここで紹介する「ごろ寝しながらテレビを見ている」といった状況であれば、お腹を凹ませ続けるためにあえて背中を多少は丸めて行うのもありだと思います。やるか、やらないかの2択ではなく、とりあえずやっておこう的にお気楽に行っても多少は成果が出せます。

本来はどうするのがもっとも効果的かということを理解した上で、あとは臨機応変に取り組んでください。

お腹が凹めばよいならば、できるだけ大きく凹ませて10秒〜30秒、脂肪を落としたいなら30秒以上できる限り長く、という行い方は共通です。

まず、椅子に座ってテレビを見ている時におすすめのお腹凹ませ動作です。

椅子やソファーに浅めに座ったら、両手を後ろについて支え、背すじを伸ばしたまま上半身を後ろに倒します（左ページイラスト上）。この状態でお腹を凹ませます。下腹とか、くびれとか、気になるところをしっかり凹ませましょう。

次に、横にごろ寝しながらテレビを見ている時のお腹凹ませ動作です。

左ページまん中のイラストの通り、普通にごろ寝している状態でお腹を凹ませるだけ、という簡単さです。より大きく短時間で凹ませるのであれば、肩を引いて背すじを伸ばした状態で行うことをおすすめします。

最後は、腹ばいになってひじをついた状態で、お腹を凹ませる動作です（左ページイラスト下）。下腹まで床から浮かせるように凹ませますが、肩やひじに力が入らないように気をつけます。こちらは、内臓や脂肪が負荷となるため思ったよりきつく感じますが、サイズダウンの即効性が高い凹ませ方です。ぜひ行う前後でサイズを測ってみてください。もし、行っていて腰が痛くなるようでしたら、あなたの腰のコンディションがよくないか、お腹を凹ませる力がまだ弱いということです。痛みを感じないものから取り入れていきましょう。

テレビを見ながら、お腹やせ

椅子に浅めに座り、両手を体の後ろにつき上半身を後ろに倒してお腹を凹ませる

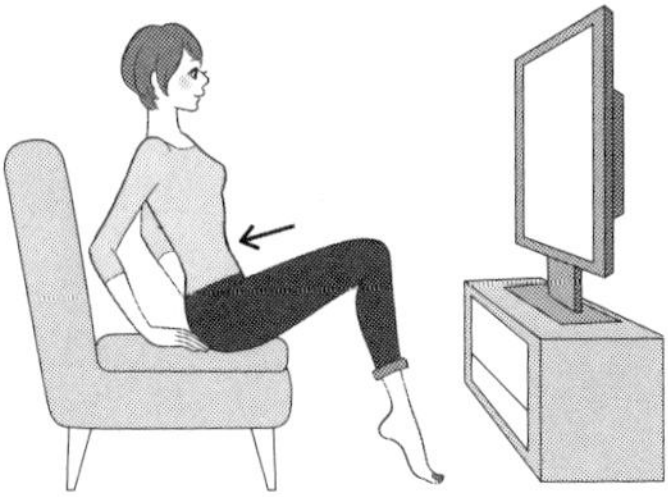

Point

背すじをゆるめるか、上半身を浅く倒すと、長めに行いやすい

ごろ寝しながら、くびれづくり

横にごろ寝して、お腹に手をあて、長めにお腹を凹ませ続ける

Point

10秒〜30秒、短時間でより大きく凹ませる場合は、肩を引いて背すじを伸ばすほうが効果的

腹ばいで下腹ほっそり

腹ばいでひじをつき、お腹を凹ませて下腹まで床から浮かす

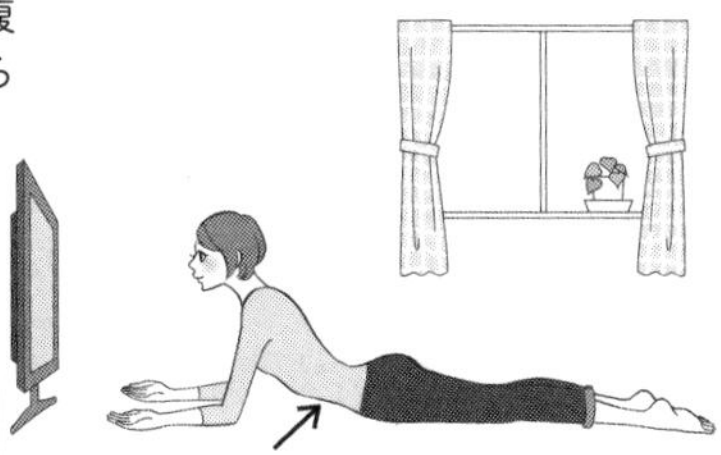

Point

腰などに痛みを感じる場合は、無理せず他の動作を取り入れる

お風呂では、顔のラインをプチ整形

お風呂の中でおすすめなのが、植森式フェイスエクササイズです。

顔だけでなく、首のシワが気になっている方も、ぜひ行ってみてください。

年をとるにしたがって、やせていても太っていても、ほおが垂れさがったような印象になってくるのは筋肉がゆるんでくるのが原因です。そういう意味では体の他の部位となんら変わりはありません。

自分で言うのもなんですが、私は若い頃に比べると年齢を重ねるにしたがい少し顔にメリハリがつきました。それはひとえに顔の筋肉を上手にフェイスエクササイズで鍛えているからです。フェイスエクササイズは、やり方を間違えるとシワを増やしてしまうこともあるので、まずは効果的で失敗しないフェイスエクササイズのポイントを解説しておきます。

フェイスエクササイズを行う際に気をつけたい点は、雑誌やテレビで紹介されていたものをそのまま行ったりしないことです。顔は人によって違うわけですから、その動きによって自分の顔がどのように変わるのか、将来像を考えて取り組みましょう。

あなたは、ご自分の顔を整形するとしたら、どうしたいですか?

もうちょっとあごのラインをすっきりと……、とか、逆に顔に丸みを出したいとか、ほおの盛り上がりの位置を高くしたい等々、人それぞれでしょう。

ですから、体と同様になりたい顔の形を形づくるように筋肉を動かしてあげるのが正解なのです。これ、とっても重要なところですよ。

ちなみに、私はテレビで紹介されていたほおを膨らませる動きをするフェイスエクササイズをはじめたら一週間もしないうちに、何人もの人から「太った?」と尋ねられたことがあり、ハッと気づいて即座にやめたことがあります。

たとえば目を大きくしようと、目を大きく見開くのはよいのですが、その時に目のまわりの筋肉を上手に使えないことが原因で、おでこに思い切りシワを寄せながらせっせと行っていると、目が大きくなるというより、おでこにシワが刻まれていってしまいます。望まない形で顔の筋肉を形状記憶してしまわないように、どうかお気をつけください。慣れてからもたまに鏡でチェックするとよいでしょう。

おすすめするのは、「あ」「い」「う」「え」「お」と、できるだけ大きく口を動かすエクササイズです。シンプルですが、効果を高める裏技をお教えします。

それは、後ろで手を組んで上を向き、体を後ろにそらした状態で行うのです。口を動かした時に首から胸元まで動いてくるようならかなり上手にできています。声帯も筋肉ですから衰えを防ぐ意味で、大きく声も出すとベターです。

また、少しマニアックですが、たとえば「いー」と、口を横に広げる時に、口角を上げたい人なら、真横に開くのではなく口角を上げながら開くのがポイントです。目を大きくしたい場合は、目を大きく開きながら行いましょう。自力でプチ整形並みの効果は十分に上げられますよ。

植森式フェイスエクササイズ

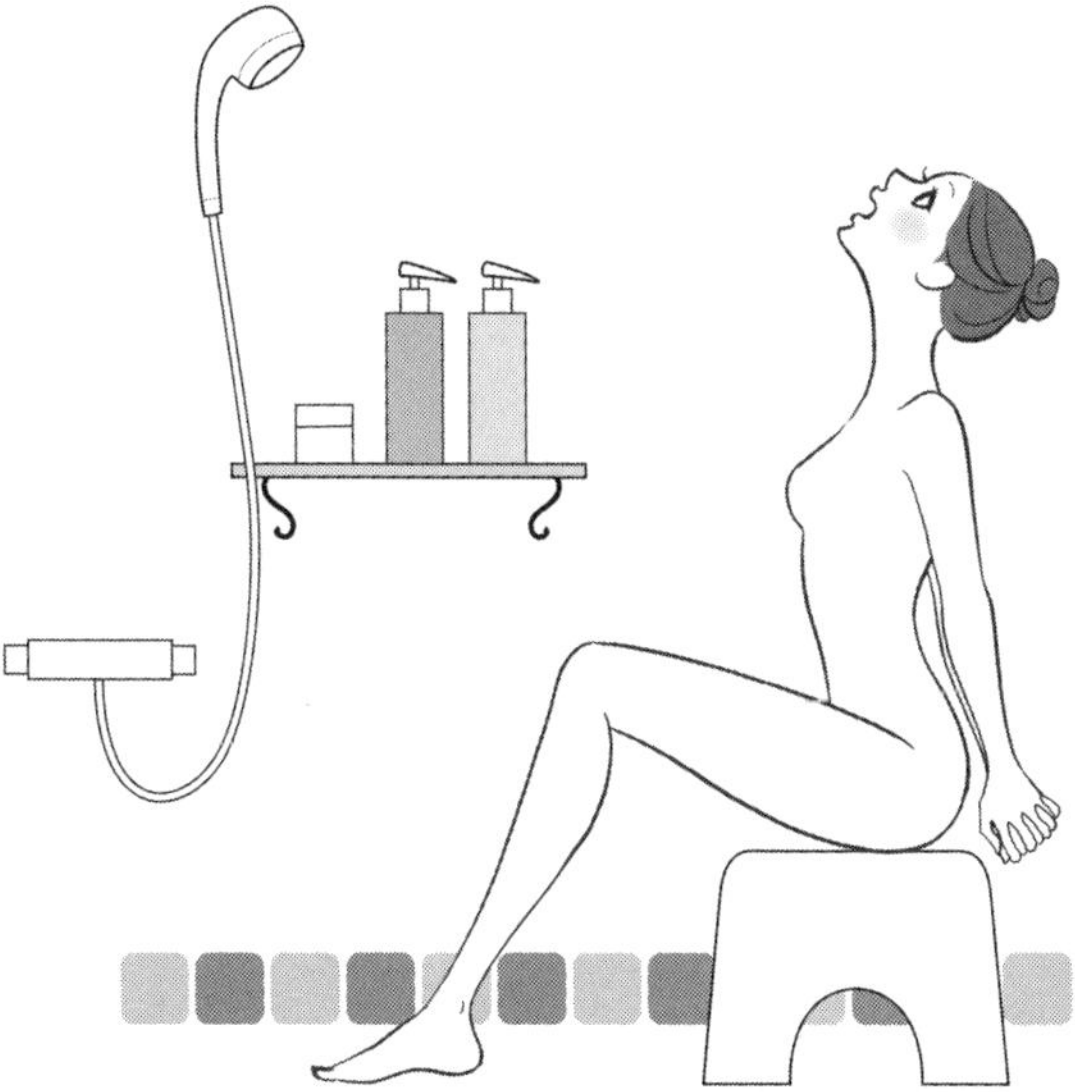

後ろで手を組み、体を後ろにそらした状態で、自分のなりたい顔の形をつくるように意識しながら大きく顔の筋肉を動かして「あ」「い」「う」「え」「お」と発声

Point
トイレの中で行うのもおすすめ

寝て本を読みながら、下半身ほっそり

いきなりですが、内ももの柔軟性と筋力が必要な場面はどんな時でしょうか。たとえば、雪で路面が凍ってすべって「左右に足が裂けるーッ」という時に、内ももが硬くて伸びが悪いとその時点で転んでしまいます。でも、内ももが柔らかく筋力があれば大丈夫！　足をぐいっと閉じて転ばずにすみます。

現実にはなかなかない状況ですが、基本的にはそういう使われ方です。

内ももをひきしめたい人向けに内ももの専用マシーンが通販などで販売されています。どんなマシーンかというと、ローラーの上で足をすべらせて左右に大きく開いてからエイッとばかりに閉じる動作を繰り返すものです。このマシーン、続けられれば悪くないのですが、大きく動かなくてはいけないことって、疲れるというか、行うのに気力がいるというか、なんとなーくモチベーションが下がるとやりたくなくなってしまうのですよね。

その点、今回紹介する動作は通販マシーンよりずっと続けやすくておすすめです。通販マシーンの動きでは立って足を開きますが、これを寝ながら大きくVの字に開いてキープします。閉じる動きは大変なので行いません。

単なるストレッチだけでは、筋力を取り戻すには足りないし脂肪も落ちませんが、この動作は足の重みが負荷になるので筋トレ効果があります。中国雑技団に入るわけではないから人がビックリするような柔らかさは必要ありません。ですが、下半身の筋肉だけでなく股関節やひざ関節、足首などの関節をしなやかに保つことは、ケガや腰痛の予防に有効です。以上をふまえ、理屈よりもやってみていただくほうが早いと思いますので、行ってみましょう（１４９ページイラスト上）。

あおむけに寝たら、床の上で開脚するのと同じように、つま先を外に向けて空中で足をできるだけ大きくV字に開いてみてください。足を開いた状態をキープしようとすると内ももが引っ張られながら使われているのがわかりますか？

内ももがグーッと引っ張られ、かつ足の重みが負荷となって、プルプルと効いてきます。引き伸ばされながら、それ以上伸ばされないように力を使わざるを得ない形です。きつく感じた方は、ひざの曲げ具合で伸ばす強さを変えられます。足をピーンと伸ばすほど強く伸び、ひざを曲げるほど弱く伸びます。また両足ではなく、片足を下ろして片足ずつ行うとぐっと楽にソフトになります。

では、次は、足をそろえて両足を真上に向かって伸ばしてみましょう（左ページイラスト下）。

足全体に少し力が入りながら、特にももの後ろ側に効いているのがわかりますか？ももの後ろのたるみが気になるならコレです。この動作は難しく考えずに、足をただ上げておくことからはじめてもよいでしょう。

足を上げる位置もあなたの足のひきしめたいところに力が入っていればＯＫ。本を読みながら、スマホを操作しながらなど、寝る前に布団やベッドの上で行うのがおすすめです。

読書しながら内ももをひきしめる

あおむけに寝たら、足を真
上に持ち上げ大きく開いて
キープ

Point

きつければ、ひざを
曲げるか、片足ずつ
行う

読書しながら、太もものたるみとり

あおむけに寝たら、足
をそろえてまっすぐ上
に伸ばしてキープ

Point

ひざは曲がっていて
もＯＫだが足を上に
引っ張るほど効果
アップ

寝る前の10秒、布団の上でマイナス5歳の体形をつくる

最後にご紹介するのは、重力に負けない体形をつくる、少しよくばりな動作です。腹ばいの状態で、背中から腰、ヒップ、ももの裏側と、体の裏側全体を美しく整えながら、お腹にも効かせます。行うのは、たったの10秒。毎日でなくてもかまいません。なぜその動作がおすすめなのか、順を追って解説していきましょう。

腹ばいで全身を使う動作ですが、まずは上半身の動きから説明します。次ページ上のイラストをご覧ください。

赤ちゃんにいないいないばぁ、をする時の「ばぁ」の動作です。この「ばぁ」の動作を大げさに行う感じで、両ひじを後ろで寄せます。

肩甲骨を下げて寄せているのがわかりますか？　まだわからなくても大丈夫です。

この上半身の動きを、実際は腹ばいの状態で行いながら、お腹をギューッと凹ませ

マイナス5歳の体形をつくる上半身の基本の動き

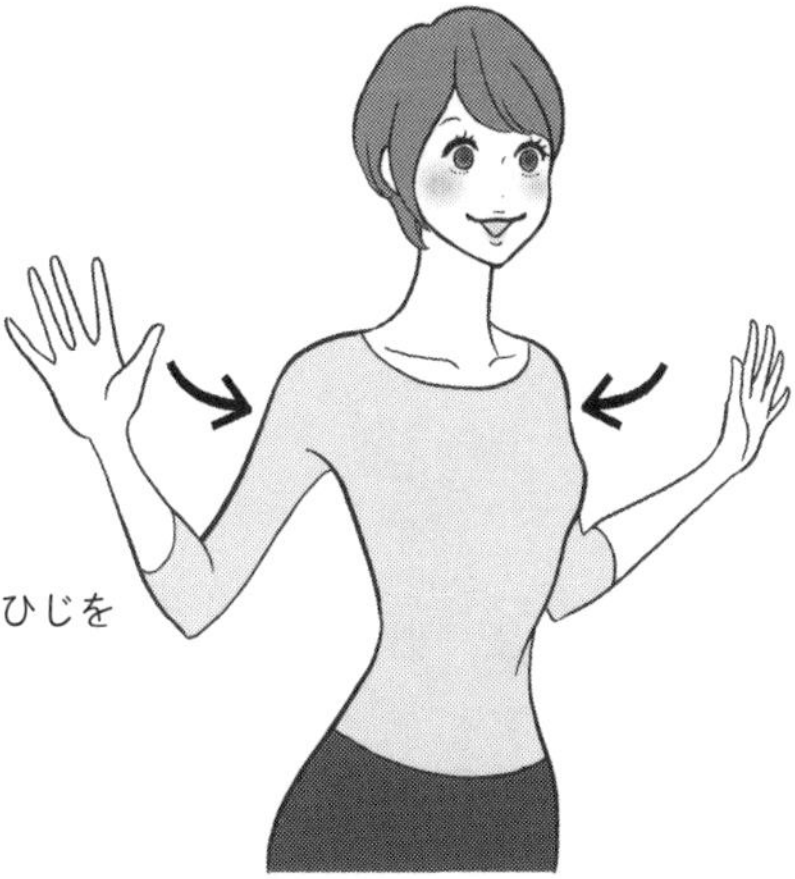

いないいないばぁでひじを
大きく引いている

マイナス5歳の上半身をつくる動作

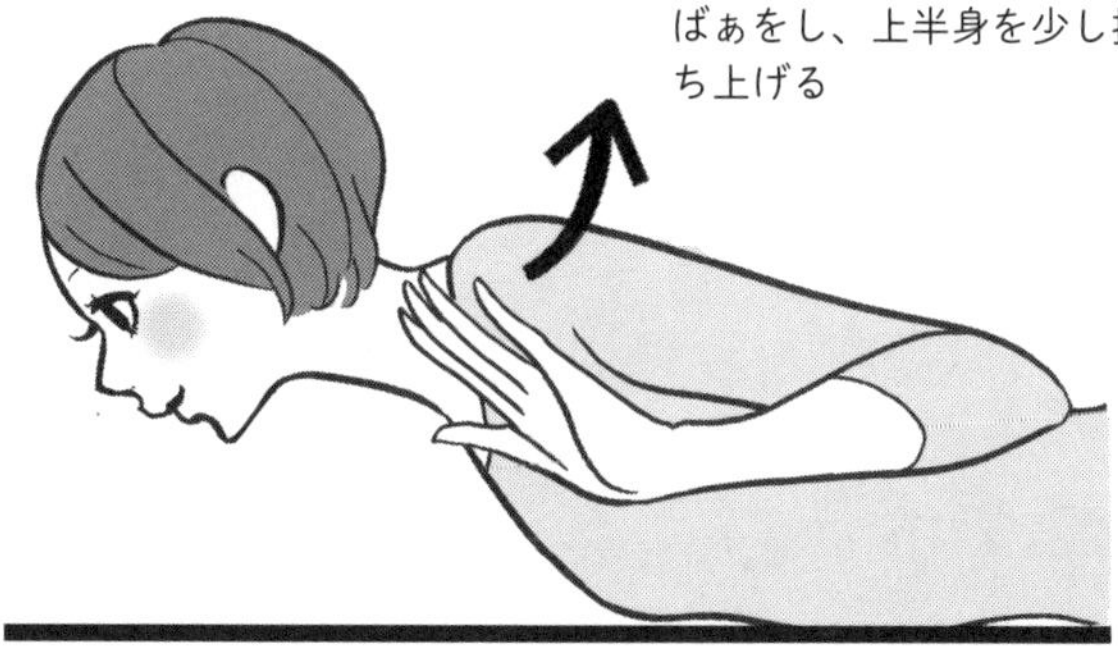

腹ばいで、いないいない
ばぁをし、上半身を少し持
ち上げる

つつ上半身を持ち上げます（前ページイラスト下）。重力に逆らって両ひじを後ろで寄せるのは、ちょっと大変に感じるかもしれませんが、上半身を高く持ち上げる必要はありません。肩甲骨を寄せる動きを意識してください。

この上半身の動きは、基本の姿勢を意識しようとしてもなかなかうまくいかない方に特におすすめです。強めの力を使うため、この上半身の動きを行うことでより早く、楽に基本の姿勢のポジションをとれるようになります。

次に下半身の動きです。

まず、お腹をギュッと凹ませたら、お尻をグッと突き上げながら両足を持ち上げます（左ページイラスト上）。51ページでご紹介したヒップアップの動きと同じです。重力が負荷になっている分、立って行うよりもこちらのほうがきついですがヒップアップ効果は高くなります。

下半身を持ち上げようとしつつ同時にお腹を凹ませる動きもしっかり行っていきた

マイナス5歳の下半身をつくる動作

お腹を凹ませ、お尻をグッ
と上げて両足を持ち上げる

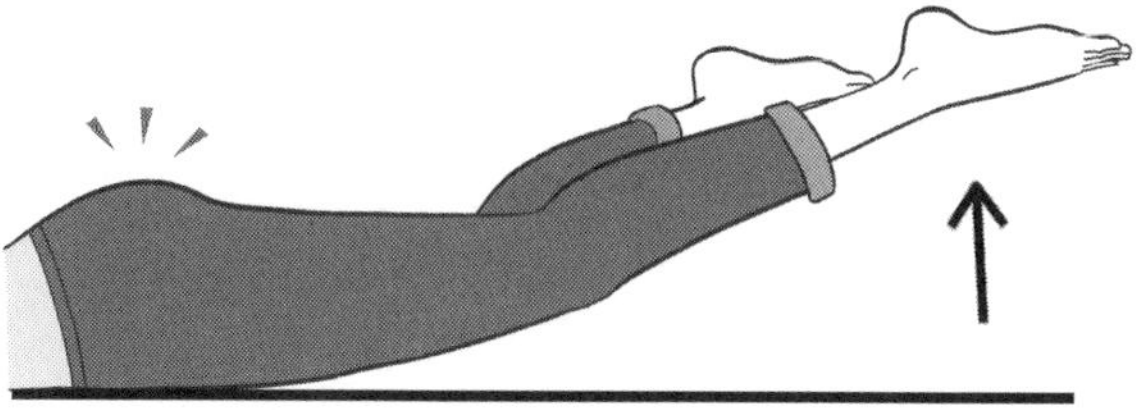

マイナス5歳の体形をつくる動作の完成形

上半身と下半身、両方を持
ち上げる

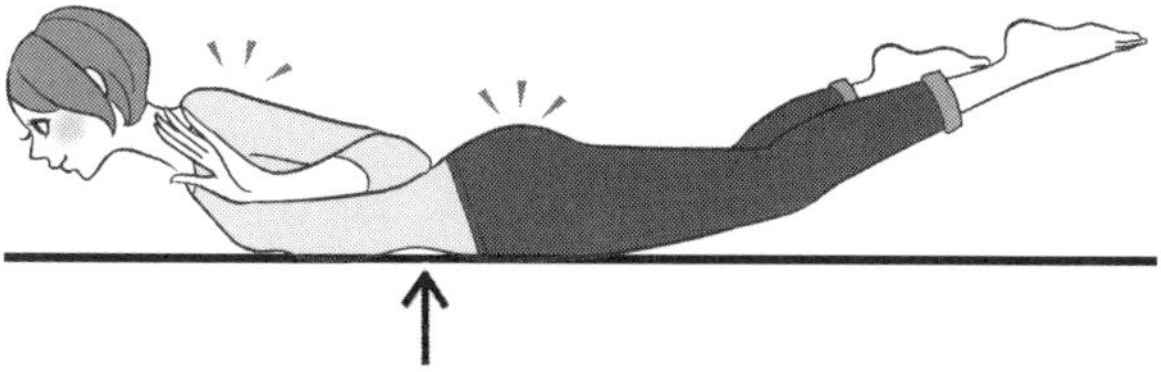

いところです。しまった筋肉の状態を、腰回りからヒップにかけてぐるりと丸ごと形状記憶させるイメージで行ってください。

上半身と下半身を一緒に行ってみますと、前ページ下のイラストのような体勢になります。もし途中で腰に痛みを感じたら、絶対に無理は厳禁です。

他の動作を取り入れるうちに、筋肉が自前の腰痛用コルセットのように働き、腰も楽になってくるはずです。そうしたら様子を見ながら、また行ってみてください。今できないことは、一生できないことではありません。

今日は上半身だけ、明日は下半身だけ、と別々に行うのも気軽に取り組めてよいと思います。週に一回のジムにいって帰ってくる時間と労力を考えると、自宅で気軽に行えるという意味でスタイルをよくするのにかなりコストパフォーマンスの優れたエクササイズになります。きついことは大嫌いな私が、あえてこの動きをおすすめした理由は必ず体で実感していただけることと思います。

第4章

植森式
日常動作を変えなくても
やせる裏技

ひもやインナーベルトを使って、当日サイズダウン！

歯磨きは誰しも行っていますが、きちんと磨けているかどうかは別です。たとえ一生懸命磨いていようが、時間をかけていようが、磨いている＝磨けているではありません。

日常動作も似ています。難しいダンスであればできていないのが一目瞭然ですが、姿勢や歩き方など当たり前すぎるシンプルな動作は自分ではできているつもりでも意外にできていない、ということが多いのです。

そこで私がおすすめするのが、ひもやベルトを使う、というやり方です。

ここからは、実際にお手元にひもやリボンを用意してからお試しいただきたいと思います。ひもは、荷造り用の紙ひもでもなんでも、すぐに切れてしまうようなものでなければなんでもＯＫです。

まず、ひもの片側の端を結んで玉をつくっておきます。この印の位置がメジャーで

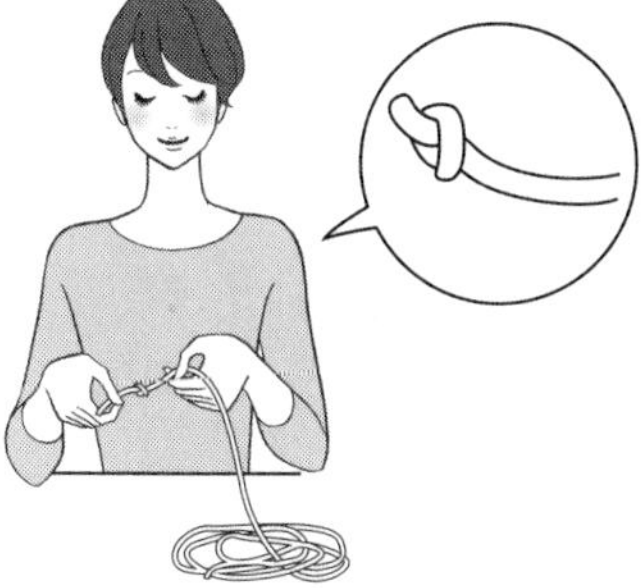

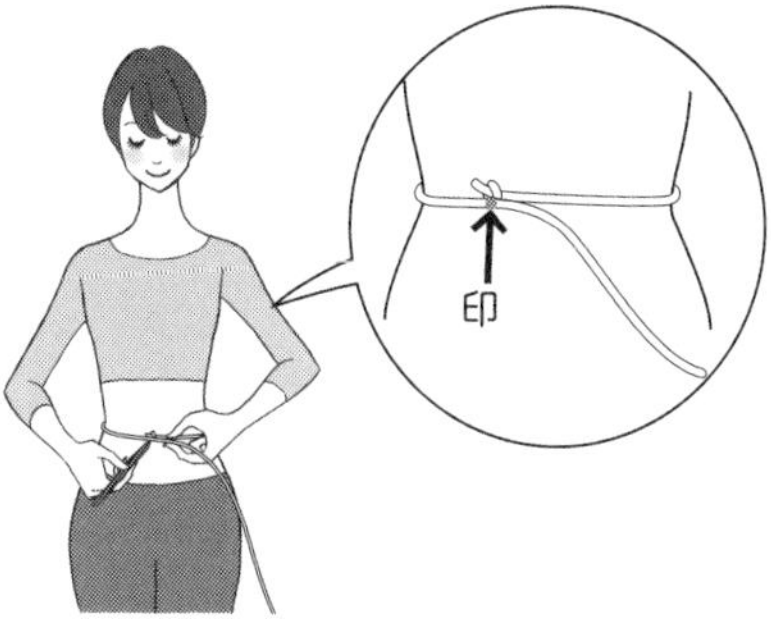
印

たとえるとゼロにあたると思ってください。

そして、まずは何も意識しない状態でひもをお腹に巻き、玉とひもの交わる部分に印をつけましょう（前ページイラスト参照）。おへその位置であれば、毎回、同じ位置で測ることができます。

さて、今度は壁を背にして立って43ページの基本の姿勢のポジションで、できるだけお腹を大きく凹ませたら、凹ませたお腹に合わせてひもをジャストフィットさせるようにして、お腹をリボン結びでしばります。

このとき、間違ってカタ結びをしてしまうと、あとでほどくのに苦労し、イライラして怒りがふつふつと沸いてきます。必ずリボン結びでお願いします。

さあ、それでは、ひもにお腹が食い込まないように気をつけながら、あなたが取り入れようと思っている動きをひとつ試してみましょう。すぐにパッと思い浮かばないようでしたら軽くスクワットを行うのでもOKです。

いかがですか？　**えっ、とびっくりするくらいひもにお腹が食い込んでしまったの**

ではないでしょうか。ひもにお腹が食い込んだ理由は、背すじがゆるんだのか、お腹がゆるんだのか、またはその両方かもしれません。

より若々しい姿勢と部分やせのためには、上半身の力を高める必要があります。力を使っているつもりでも実際にゆるんでいるのでは困るのです。だからひもが役立ちます。

思い切り凹ませた状態でお試しいただきましたが、その動作を脂肪燃焼目的で長めに行うのであれば、全力の半分程度の凹ませ加減でリボン結びをしてみてください。歩いている最中も、ひもをお腹に一本巻いているか否かで、いかに上半身の力が抜けてしまいやすいかを体感できます。私の生徒さんでは、丈夫な組みひもを巻いて使ってる方がいらっしゃいました。

動作を行っている時、もしくは半日とか、一日とか、お腹を凹ませた状態でひもを巻き、できるだけひもにお腹が食い込まないようにキープすることを意識して過ごしてみましょう。ほとんどの方が当日のうちにサイズダウンするはずです。

他にも、普通のベルトをきつめにしめ、ベルトにお腹を食い込ませないようにお腹を凹ませておくのも悪くはないのですが、できれば**直接肌にあててしめるほうが筋肉のゆるむ感覚がわかりやすいです**。

私は、外出時は必ず専用のベルトを使うようにしていて、もし忘れたら取りに戻るくらいです（笑）。お腹を巻くものは使い勝手がよく長持ちするものを選びましょう。私のホームページでは専用ベルトやベルト付きの著書なども紹介していますので、関心のある方はチェックなさってみてください。

サイズ表と写真でモチベーションを上げる

私の講座で受講直後にウエストが数センチ～10センチ以上も細くなると、最初にウエストを測り間違えていたのではないかと不安に思われる方がいらっしゃいます。

体重を落としたい人は毎日の体重を測るとよいように、**お腹のサイズを落としたい**

サイズ記録表

測定日	月　日	月　日	月　日	月　日	月　日	月　日
バスト	cm	cm	cm	cm	cm	cm
ウエスト	cm	cm	cm	cm	cm	cm
下腹	cm	cm	cm	cm	cm	cm
ヒップ	cm	cm	cm	cm	cm	cm
太もも	cm	cm	cm	cm	cm	cm
ふくらはぎ	cm	cm	cm	cm	cm	cm
足首	cm	cm	cm	cm	cm	cm

人はお腹のサイズを毎日測ることをおすすめします。

測る場所ですが、面倒がらずに初回だけウエスト以外もすべて測っておくとよいです。お腹だけと思っていたらお尻も小さくなった？　という時に最初のサイズがわからないと確かめにくいからです。毎回いつも何か所ものサイズを測るのは面倒ですから、下腹など気になるところに絞って記録していきましょう。

測るペースですが、一番気になるお腹のサイズについては最初の一か月は毎日測ることをおすすめします。

何も意識をしない状態で測ったサイズと、思

	通常の状態	思い切り凹ませた時
16日目	cm	cm
17日目	cm	cm
18日目	cm	cm
19日目	cm	cm
20日目	cm	cm
21日目	cm	cm
22日目	cm	cm
23日目	cm	cm
24日目	cm	cm
25日目	cm	cm
26日目	cm	cm
27日目	cm	cm
28日目	cm	cm
29日目	cm	cm
30日目	cm	cm

お腹専用サイズ記録表　30日分

	通常の状態	思い切り凹ませた時
1日目	cm	cm
2日目	cm	cm
3日目	cm	cm
4日目	cm	cm
5日目	cm	cm
6日目	cm	cm
7日目	cm	cm
8日目	cm	cm
9日目	cm	cm
10日目	cm	cm
11日目	cm	cm
12日目	cm	cm
13日目	cm	cm
14日目	cm	cm
15日目	cm	cm

い切りお腹を凹ませたサイズを記録します（前ページの表をコピーしてお使いください）。思い切りというのは、お腹と背中をくっつけるくらいのイメージでどうぞ。これだけでもお腹の筋トレになります。息を吸ったり吐いたり、勢いをつけて凹ますのもダメです。

最初は、普通にしている時のウエストサイズが78センチで最大限凹ませても74センチだったのが、普通にしている時のサイズが72センチになったりします。意識的に最大限に凹ませたお腹よりも細くなるというのは、サイズを記録していないと感じにくい喜びです。モチベーションを高める意味でも楽しみながらサイズを記録してみてください。サイズが落ちなくなり、さらに細くしたければ脂肪を燃やしていく方向に切り替えましょう。

記録といえば写真も有効です。ぜひ気になる箇所をスマホなどで撮影して残しておきたいところです。体の形やハリの変化を見ると、かなり励みになりますよ。

自分に合う食事でのダイエット法の選び方

カロリー制限、糖質制限、〇〇ダイエット、断食、プチ断食、などなどいろいろありますが、ダイエットするためには何をしたらいいのでしょうか。

専門家をはじめ、医師でさえも人によって意見が違っていたりします。これでは、みなさんが迷ってしまってても無理はありませんよね。

食事でのダイエットですが、必ずしも体重を減らしたいわけではなく、スタイルをよくしたい、または、部分的な脂肪を落としたい、ということであれば、食生活を見直すことは必須ではありません。

けれど太り気味で体重を落としたいと考えていらっしゃる方にとって、今の食生活をどう見直すとよいかを考えることは運動より近道になります。ここでの食事に関するお話も大いに参考にしていただければと思います。

どのように食生活を変えるとうまくいくかですが、人によってそれぞれで方法はひとつに限りません。糖質制限でやせたと思ったらリバウンドする人もいます。カロリー制限、○○ダイエットなど、同じことを行ってもうまくいく人といかない人がいます。それはなぜかというと、それぞれの顔や体質が違うように、生活習慣も性格も食べ物の好みもそれぞれに違っているからです。

テレビや雑誌などで大々的にとりあげるダイエットに、つい飛びつきたくなってしまうものですが、ほとんどの人が気づいていないことがあります。

それは、大々的＝成功する、ではないということ。大々的＝人気がある、からです。人気のダイエットに次々とチャレンジしてもうまくいかないのも無理のないことです。

成功するかしないかの勝敗を分けるのは、効果的なやり方の中から、自分に合ったやり方、ストレスのないやり方を選べるかどうか、なのです。この原則は食事に限らずすべてのダイエットについていえることですが、特に食べることは人生の幸せ感に大きく影響しますので、下手なダイエットに手を出さないようにしたいところです。

そのために、強調したいポイントが二つあります。

ひとつは、「目利きになること」です。眼力じゃなく、見る目のことです。情報をそのまますんなり受け止めるのではなく、疑り深くなりましょう。うまい話には裏がある可能性を考えた上で効果のあるなしを見極め、それから前に進むかを決めるだけでも、行った後のがっかりは減らせます。

二つめが、「わがままになること」です。わがままは、人に対してではなく、自分がいやなことを自分でしないと決めることです。人がよくないと言っても、自分がよければよいと開き直るのはリバウンドしないためにも大切な姿勢です。

最近は、お砂糖が体に悪いように言われることがありますが、お砂糖そのものが原因でやせられないわけではないのです。

食べればやせる食べ物もない代わりに、食べたらやせられない食べ物もひとつもありません。人はどうしても、好きなものをやめようとがんばってしまう傾向がありますが、好きなものは好きなんだもん！　とわがままを通すために、どこを変えたらよいかを考えるほうがはるかにスムーズにいくはずです。

なんだか大げさな話をするようですが、あなたの人生において「食べる」という大きな幸せを流行りとか人まかせにするのは、自分のパートナーを他人に決めてもらっているようなものなのです。

いくら人気があっても、大事なのはあなたに合うか合わないかです。ダイエットではとかく自分に根性がないかのようにご自分を責めてしまいがちですが、それはズレています。本当の意味で楽にダイエットするためには、甘い話のウソを見抜く眼力をつけ、自然体でずっと一緒にやっていけそうなパートナー、つまり方法をわがままに選ぶ、これにつきると思います。

食事でのダイエットは専門家をはじめ他の人がなんと言おうと、あなたのストレスがたまるようならNG。鉄則はここだと思ってください。

靴と洋服選びのポイントは？

靴の選び方を教えてくださいと言われることがあります。

一番大切なのは、疲れにくいこと。**疲れにくい靴の中から、何のために履く靴なのか、目的に合わせて選ぶのがよいと思います。**

なんだかつまらない答えで申し訳ないのですが、靴は外で移動する時に履くもので、そもそも、ダイエットのために履いているわけではありません。

いつだったか、「ハイヒールを履くといいのでしょうか？」と立て続けに聞かれたので何だろうと思ったら、なんでもテレビで、家の中でもハイヒールで過ごすというスマートなご婦人の特集があったのだそうです。効果のあることを前向きに見習おうという姿勢は素敵ですが、いっぽうで残念な感じがします。昔の私と一緒で素直すぎるのかもしれません。

ハイヒールがなぜいいのか、どんなふうにいいのか、よくない面はどんなところか、人によって話は違ってきますから、そのあたりをご自分の生活と照らし合わせて考えるのが一番でしょう。

ハイヒールのよい点は、スタイルをよく見せてくれることです。また、ハイヒールを美しい姿勢で履くには腹筋、背筋、下半身の力がバランスよく必要ですから、ハイヒールを履くことで全身をバランスよく使って鍛えることができます。消費カロリーも、ペタンコ靴を履くより多くなるはずです。

よくない点は、よい面のまんま裏返しで、ハイヒールを履きこなすのに必要な筋力が足りないと、腰が落ちて、べたべたとした歩き方になります。

これではスタイルがよく見えるどころかだらしのない印象になってしまいます。ハイヒールが腰痛の原因になることもあります。ごくたまにですが、ハイヒールを無理やり履いているせいで歩き方が尋常でない若い女性を見かけることがありますが、こうなるとハイヒールを履くことは中止するほうがいいのは間違いありません。

ヒールの高さは、どんな洋服なのか、その靴でどのくらい歩くのか、そういったことを考えて選びましょう。たとえば、ピンヒールの靴は本来、大股でたくさん歩くのには適していません。

スポーツシューズは歩きやすいと思いますが、まったくヒールのない靴ばかりを履いていると、たまにヒールを履いた時につらく感じます。

ですから、かなりたくさん歩く必要がある場合は、やはりウォーキングシューズがおすすめです。特に**たくさん歩く必要がない日常使いの靴でしたら、ご自分の好きなデザインの中で、多少ヒールのある靴をお選びになるとよいと思います。**

ところで、スポーツシューズの中にダイエット効果をうたっているものがあります。いずれもハイヒールと同様に、姿勢と歩き方がよくないとデメリットのほうが大きくなります。少なくとも基本のポジションを意識した姿勢に疲れを感じない基礎筋力がある人向けとお考えください。

洋服選びのポイントは、ひとつです。

鋭い人はピンときたかもしれません。よく、ウエストがゴムの洋服ばかり着ていると、ウエストが太くなるといいますが、あれは本当です。おしゃれだけれど、チュニックとスパッツの組み合わせも同じです。

なぜ、**ゴムの洋服がウエストを太くするかというと、たとえ一日一回でも、着替えの時に、お腹をキュッと凹ませる動きを行うのと行わないのとでは大違い。凹ませないお腹は、お腹回りの筋肉のしまりが悪くなるのです。**

「ウエストがゴム」の洋服ばかりお持ちの方はクローゼットを総点検してみましょう。

パジャマや部屋着はよいとしても、ウエストマークのないゆとり系のお洋服が多い方は、まずは160ページでおすすめしている、ウエストサイズ記録を最低でも一か月間は試してみてください。最大限にお腹を凹ませた時のサイズを測るようにするだけでサイズが落ちはじめますよ。

心の持ちようを変えると結果も変わる

一刻でも早く結果を出したいのが、ダイエットする女性の本音です。最初にお話ししたように、お腹は早い人でその日のうちに、10日もすればほとんどの方が細くなります。お腹に続いてサイズが落ちやすいのはお尻です。ともかく、出せる結果はパッと出してください。「あっいい感じ！」とご自身の体でできるだけ早く実感していただけるような内容に本書はまとめてあります。

サイズが落ちなくなったら、そこからはあせらずにじっくりと取り組みましょう。バターひとかけ10グラム（約70キロカロリー）分の脂肪を毎日コツコツと燃やすことを目標にしてください。

バターひとかけ分だなんてたったそれっぽっちと思うかもしれませんが、それだけの脂肪が毎日減っていったら、あなたの気になる部位はそれこそあっという間に細くなります。

実際には、一日にバターひとかけ分の脂肪を落とすことはそんなに簡単ではありません。それでも、ここはたんたんたんとやるのみです。結果が出るまでたんたんたんと、結果が出てからもたんたんたんと、です。

「たんたんと」のペースは人それぞれ。それがよいのです。できないことをがんばろうとすると、気持ちがついていかなくなり投げ出したくなってしまいます。

情けない話ですが、私はスマホの操作もメールを打つのもかなり遅いので、まわりの人からは、早く操作しようとするやる気があるのか？　とあきれられる始末です。けれどやる気がないわけじゃないのです。そこに勢いはないものの、やる気はあるのです。違うのはペースだけなのです。

私が人並み外れた機械音痴であることを知っている母は、私がいつのまにかパソコンを買い、そのパソコンを使って原稿を書いているということを知った時、目を見開いて驚いたものでした。ビデオの録画も失敗ばかりしていた娘が本当によくがんばったと何度も何度もほめてくれました。こうして書いているとかなり恥ずかしくなってきますが、申し上げたいのはこういうことです。

何かを習得したり、結果を出したりする時、人によってそこに費やす気力も時間も違います。熱心にやることもあれば、あまりやる気になれない時もあります。でも、そういうのをみんなひっくるめて、気持ちさえあれば、あとはあきらめずにたんたんと取り組んでいれば、投げ出してしまったのと比べるといつか天と地ほどの違いが生まれます。

あなたがこの先に妙にあせってしまうことがあったら、**物事はあせればあせるほどうまくいかないことを思い出してください**。

受験、就職活動、仕事、婚活、人間関係のもつれ、なんとかしたいと困った時にあせってよいことが何ひとつないのはダイエットも同じです。

いつからダイエットで頭を悩ましているかを思い出し、目先の変なあせりにとらわれることなく、どうか本筋を見据えてお進みください。

ご自分らしい人生をあきらめない、目標があるということは前向きで素敵なことです。何を行うにせよ、あせりを手放せば無理なく続けられると思います。

最初から完璧にできなくても当たり前です。完璧にできないことすら笑って楽しんでしまうくらい、生涯にわたるマイペースをおすすめします。

本書の中でおすすめしている地味な習慣を続けることはあなたの体を大切にすることでもあります。あせらないでいられる心の持ちようが結果につながります。

第5章ではご質問にお答えしていきますが、あなたが実際に取り組まれてみて、うーん……、とご不安に思われることなどありましたら、巻末に記載のホームページからお寄せいただければと思います。

第5章

植森先生！ズボラでも絶対やせるコツを教えてください

質問1

二の腕や太ももなど隠さずに見せたほうがやせるって話は本当ですか？

うーむ、と考えましたが、「見せるとやせる」というのは、都市伝説のような類の話ではないでしょうか。

腕や太ももを隠さずに見せている人には二つのタイプがいて、ひとつは意識高い系で、もうひとつが、何も考えていない系です。都市伝説を生んだのは意識高い系で、もともと太くはない腕や太ももを人目にさらして「見られている」意識を利用し、努力をして結果を出す。努力した話を飛ばして人にすすめるものだから、見せればやせる的な話になったのでしょう。ちなみに、私は若い頃、下半身ぽっちゃりを気にしているくせに可愛いデザインの短い丈のパンツをはいたりしていました。先のパターンでいう後者、まったく何も考えていない系で、見せているという意識もないので、見せてはいましたが、当然ですが、気のせいほども細くはなりませんでしたよ。

質問 2

水をたくさん飲んだほうがやせますか？

知り合いの雑誌ライターさんは、ダイエットの体当たり企画で「ウォーターダイエット」にチャレンジしたところ、それこそ入院するくらいの頭痛で体調を崩してしまいました。「水毒」という言葉をあとから知ったそうです。

水は生きていく上でなくてはならないものですが、過ぎたるは毒になりかねません。人が安全にやせる何かが見つかれば、それは間違いなくノーベル賞をとれます。ですから、飲んだり食べたりするだけで、やせるなどというものはないと思ってください。すすめられて半信半疑で飲みはじめたらやせはじめた。でもそれはダイエットサプリではなく違法薬物だった！　なんて目にあわないためにも「飲むだけで」といったセールストークに「ゆさぶられない」あなたを目指してください。

質問 3

体の気になるところをもんだらやせますか？脂肪が減りますか？

もんでやせる気がするのはむくみがとれるからです。脂肪が減っているわけではありません。マッサージ機を毎日15分使っていたら、背中がやせてひきしまったわ〜、なんて話は聞いたことがありませんよね。

お腹につけて振動を与える器具をはじめ、指先などにテープを巻いたり、本当にそれでやせるなら、こんなにダイエットで苦労する人はいないのです。

実は、私は根が単純な性格なので若い頃は宣伝文句に踊らされて、けっこうな勉強料を払いました。指導者になって「特許の成分」などを具体的に調べたりするようになってはじめてわかったことがあります。それは「人も会社もこんなに上手にウソをつくのだ！」ということ。おかげで、口コミがどんなによくても、使用前後の写真が衝撃的でも、「バストアップサプリ」の類に手を出さずにすんでいます（笑）。

質問 4

とうがらしたっぷりの辛いものを食べて汗をかくとやせますか？

とうがらしたっぷりの辛いものを食べると、確かに汗がにじんできますね。体もぽかぽかしてきたりするので「これならやせられるのでは」と期待したくなるのもわかるのですが、残念ながら、辛いものを食べるだけではやせません。その証拠にと言っては言い方が意地悪ですが、最近は「マイとうがらし」を持ち歩いている女性を見かけなくなりましたよね。

とうがらしに含まれるカプサイシンは、一時的に体を温める効果はあるとして、脂肪を落とす効果があるわけではありません。体を温めればやせるかというと、それもまた別の話なのです。カプサイシンに限った話ではありませんが、汗をかいて体重が減っても脂肪が減っているわけではなく、水分が減っているだけです。サウナの常連さんがちっともやせないのは、一時的に水分が減るだけだからです。

質問5

姿勢は常によくしておかないといけないのでしょうか?

背すじをグーッと伸ばす、肩を軽く引く、お腹を凹ませるというのは、結果を出すために必要なオプションと考えてください。力の使い方加減もふくめ、これらを常にフルに意識してくださいという話ではありません。

ある出版社の編集者さんは、美しい姿勢で有名な方でしたが、猛烈な体のこりに悩まされていました。いくら見た目に美しい姿勢であっても、意識しすぎて体を固めてしまいすぎるのは体にとっては拷問のようなものです。

大事なのは、あなたの姿勢の基本形、普段の姿勢です。本来、体をまっすぐにしておくだけなら疲れません。基本のポジション(43ページ)を難しく感じるのは普段の姿勢が猫背だったりと何らかの悪いクセがあるから。オプションを上手に取り入れて、無理なく少しずつ、あなたの姿勢を基本のポジションに近づけていきましょう。

質問6
骨盤がゆがんでいると太りやすい、という話は本当ですか？

本当ではありません。骨盤がゆがんでいるけれどやせている人はいくらでもいるし、ゆがみはなくても太っている人はいくらでもいます。骨盤がゆがむことでスタイルが悪くなる、というならわかります。骨盤がゆがんでいると太りやすいとまことしやかに言われるようになったのは、そう思ってもらうと潤う業界があるからでしょう。

骨が本来あるべき位置からゆがむのは、事故などの大きな衝撃か、姿勢を含めた普段の筋肉の使い方の蓄積なのです。ゆがみを引き起こした原因を改善しなければ、解決にはなりません。

ただし、骨盤系商品の中には、やせはしなくても腰が弱い人には利用価値があるものもあります。もうお金を無駄に使いたくないという方で、判断に迷うことがありましたら、購入ボタンを「ぽちっ」と押す前に私のホームページからご相談ください。

質問 7

脂肪を落とすにはできるだけ長く行うのがよいとのことですが、具体的にどのくらい長く行えばやせるのでしょうか？

どのくらい長く行えばいいかですが、ついている脂肪の量は人によりますので一概には言えません。また、1分走れない人に10分走りましょうと言っても現実問題として無理です。ですから、30秒よりも長めに行うことを心がけ、楽に長く行えるようになることを目指してください。時間にこだわらず3分とか、5分とか、こまめに行うのでもOKです。

脂肪は吸引でもしない限り、いきなり減るものではないので、ここは達観して考えます。ひたすら無理なく行う量を増やしていくうちに、必ず結果はついてきます。根性もいらないことですし、ご自分なりに理想の体形になるまで、本書で紹介している日常動作をご自分なりに長めに行っていきましょう。

質問8

植森先生は本書の手法すべてを行っているのですか？

全部を毎日はやっていません。本書の内容を一日に全部をやろうとしようものなら思わず眉間にシワが寄ってしまいます。自分を律することが好きな方はよいかもしれませんが、そうでない方は無理しないことが一番です。

ちなみに私はOLをしていた頃、思い切って一日に千円札一枚ずつを貯金しようとしたことがあるのですが、お給料は月に約12万円でしたから、もろもろの固定費や出費を考えると、それはかなり無謀な目標でした。最初はがんばるものの、結局やめてしまう傾向がある方は、「続ける」ことだけを目標に考えていただければと思います。

歯は朝、晩と磨く、メイクは寝る前に落とす、パックは週一。そんな感覚で「やるのとやらないのとでは違う」と実感できる体のお手入れを見つけてください。

質問 9

背すじを伸ばしてお腹を凹ませようとすると、腰が痛くなります。

背すじを伸ばしているつもりが、伸ばし方を一歩間違えると腰痛を引き起こしてしまうことがあります。比較的よくあるのが、43ページの基本の姿勢のポジションで4点は壁についているものの、胸を大きめに突き出しているせいで腰がわずかにそって、背中から腰にかけて壁との間に隙間が大きくあいているタイプの姿勢です。

タレントの荒木由美子さんは、長年腰痛に悩まされていたそうですが、まさにこのパターンでした。荒木さんの場合は、背中と壁との隙間にこぶしが入るほどでしたが、姿勢をよくしようと意識的に大きく胸を張るよう意識していたそうです。お心当たりのある方は、まずお尻をしめてみてください。そして、壁を背にして立った時、胸もお腹も突き出さないように、壁に上半身をめりこませるつもりで、お腹を凹ませる力をしっかりと高めていきましょう。

質問10

筋肉をさわった時に硬くなっていれば使えていると思っていいですか？

はい、筋肉が硬くなっていれば、筋肉を使ってはいます。ただ、硬くなっていればOKということではありません。

どういうことかというと、今この場で、お腹を指先で強く押すようにさわりながら、お腹に強く力を入れてみてください。お腹に力が入ってぐっと硬くなりましたよね。でも、このように力を入れていても、お腹はなかなかほっそりさせられません。筋肉の使い方が違うのです。実際に生のお腹を見ながら行ってもらうとわかりやすいのですが、力を入れたらむしろお腹は出っ張ったでしょう？　つまり、力を入れる＝凹む、ではないのです。

目的に応じた筋肉の使い方ができるようになってください。硬くすることよりも、行ったときの体の形が、自分が望むべき方向の形になっているかどうかが肝心です。

質問 11

内ももと内ももを寄せ合うと、太ももの外側に力が入ってしまいます。やり方がよくないのでしょうか?

やり方が悪いというより、内側に力を入れる感覚を忘れてしまっているのでしょう。太ももの筋肉は普段、内側よりも外側のほうをよく使っているので、使い慣れている筋肉が弱い筋肉を助けようとします。内ももに力が入らないと、外側の筋肉が力んでしまいやすいのです。

内ももを寄せ合う動きでは、つま先を外に向けて寄せ合うと内ももを使いやすくなりますのでお試しになってみてください。つま先を大きく開かなければ見た目もさほど不自然ではありませんよ。

使いたいところに力が入らず、他のところに力が入ってしまうのは、他の動作でもあるかもしれません。動きによっては、鏡を見ながら行ったり、気になる部位を少し強めにさわりながら行ったりすると感覚がつかみやすくなります。

質問12

呼吸を意識するほうが大きくお腹を凹ませることができるのですが、それではダメですか？

ダメとまでは申しませんが、お腹をほっそりさせる目的を考えるなら、効果は落ちます。どうにもこうにもお腹を凹ませられない方が、なんとか凹ませられるようになるための練習方法としてならよいと思います。

なぜ、効果が落ちるかの主な答えは次の通りです。

自分の意識ではなく呼吸によって筋肉をコントロールしていること、横隔膜などの呼吸筋に頼って凹ませると腹横筋を効果的に使えないこと、横隔膜は非常に形状記憶しにくいこと、生活の中でいつでもどこでもやれるわけではない、といったところです。お腹の凹ませ方に不安がある方は、宝島社刊行の私の前著『植森式 大人のお腹やせ 1週間ダイエットドローイン』や、巻末に表示してあります私のＹｏｕＴｕｂｅ動画でも解説しています。そちらも参考になさってください。

あとがき

厚生労働省は週に何回かの「定期的な運動」をすすめてはいますが、お年寄りで定期的な運動を行っているという方はめったにおられません。

とかく「運動不足」に罪悪感を抱かされる昨今ですが、本書では「運動の原点は日常生活」という本質を見すえ、体形の悩みを解決するための日常生活の中での体の使い方を解説させていただきました。

第一に安全であること。第二に効果を実感できること。第三に続けやすさ。私は指導者として、この三つを重視していますが、実はもうひとつ、大事にしてきた信念があります。

それは、「できるだけ楽チンに」ということです。これは下手するとなまけ者扱いされます（笑）。しかし、考えてみてください。この世の中に楽をしたくない人ってどのくらいいるのでしょう。

競技、仕事、平穏な家庭生活、趣味の世界など、どんなことでも何らかの結果を出すのに楽チンであるということは無駄がなく効率がよいということです。楽をして成果が出せることは素晴らしいことではないでしょうか。

本書との出会いによって、体型の悩みや運動の責務感から解放されるだけでなく、「100歳まで自分の足で歩く！」そんな目標に対しても自信をつけていただけたら、私にとってとても幸せです。

これからも、役に立ったと喜んでいただけるダイエットと健康の話をお伝えしていきたいと思います。最後までお読みいただきまして、ありがとうございました。

植森美緒ホームページ　http://www.mio-u.net/　※ご質問等の受付コーナーあり

ＹｏｕＴｕｂｅチャンネル

Ｙａｈｏｏ！またはＹｏｕＴｕｂｅの検索窓にて「ＭＩＯ＆ＫＵＵ」で検索

植森美緒（うえもり・みお）
1965年生まれ。健康運動指導士。身長163cm、体重46kg、ウエスト58cm。ダイエットに失敗し続けた10代～20代の10年間の経験から、日常生活の中で無理なく行えて、リバウンドしないドローインメソッドを確立し、自らも実践。最大体重60kgから14kg減量した体形を50代となった今も維持している。
カルチャースクール、専門学校、健康保険組合、整形外科、自治体など、さまざまな場所でメタボ改善等のセミナーを行い、のべ3万人以上を指導。その場でサイズダウンする講習会が人気。テレビ、雑誌等にも多数出演。
著書に『腹だけ痩せる技術』(KADOKAWA／メディアファクトリー)、『世界一簡単な「くびれ」の作り方』(PHP研究所)、『植森式 大人のお腹やせ 1週間ダイエットドローイン』(宝島社)ほか多数。

お腹から即やせる
植森式日常動作を変えるだけメソッド

2018年1月31日　第1刷発行

著　者　植森美緒
発行人　蓮見清一
発行所　株式会社宝島社
〒102-8388
東京都千代田区一番町25番地
電話（編集）03-3239-0927
（営業）03-3234-4621
http://tkj.jp

印刷・製本　中央精版印刷株式会社

ISBN978-4-8002-7954-5